AF411097

La vida es una remontada

La motivación personal que nace de
las historias del deporte

JAVIER LARA

Este libro se forjó durante años de profesión. Frente a un micrófono, ante el teclado del ordenador, frente a una cámara o con una cámara en las manos, a pie de césped, en la grada, en la sala de prensa… pero también durante amaneceres en el coche con el bañador en la mochila rumbo a alguna playa del Mediterráneo. Y en la pista del colegio durante los recreos, aunque estos recuerdos no sean tan buenos. Sin embargo, este libro y quien lo escribe es la desembocadura de todo eso y de las personas con las que ha coincidido alguna vez. Gracias por haberme hecho llegar hasta aquí.

CONTENIDO

Las cosas no van a ir perfectas. Se trata de que te adaptes a las cosas y aprendas de los errores.

Michael Phelps

EL PREVIO

Ardo en deseos de contar a los jóvenes que están frente a mí que no soy la persona que creen que soy. No es que sea un intruso, pero tengo un pasado turbio y, quizá, de sueños frustrados. Sufrí una historia de reinvención que me llevó a renunciar a los sueños que tuve cuando era niño. Cuando estaba a punto de alcanzarlos, los cambié por otros. Dicho así, puede sonar duro y de persona sin principios digna de la famosa cita de Groucho Marx: «Estos son mis principios. Si no le gustan… tengo otros». Sin embargo, ¿qué haces cuando descubres que aquellos sueños no son lo que esperabas? ¿Qué haces cuando recibes una torta tras otra dedicándote a la profesión que siempre deseaste? Sencillamente, no fui feliz, los objetivos que perseguí durante muchos años no me permitieron alcanzar las cosas más importantes de la vida.

No seré yo quien te quite las ilusiones. Si tienes sueños, nada debe impedir que los cumplas. Ve a por ellos. Sin embargo, no olvides nunca lo que hay más allá y que la vida siempre da nuevas oportunidades. Déjame que te lo demuestre.

Pero este libro no está hecho para hablar de mí, sino para hablar de aquello que me ha inspirado, aquello que me ha servido en mi día a día, que tiene una relación con el deporte y, en general, con la vida. Expondré historias de deportistas que me sirvieron y me sirven de inspiración, estén más o menos lejos en el tiempo y en el espacio. Porque sé que todos, sea cual sea nuestra profesión, compartimos parte del espíritu deportivo. Todos buscamos objetivos, cruzar nuestras propias metas, superar obstáculos; todos sufrimos zancadillas. Yo en el deporte, tanto desde su práctica, como aficionado y desde el periodismo, me encontré con personas que me hicieron ver la vida de otro modo. Unas son más conocidas que otras, en algunos casos se hicieron grandes amigos o también están aquellos a los que llegué a través de libros o artículos. Todas estas personas comparten una historia de vida y desprenden un posible aprendizaje que te puede ayudar si eres deportista, estudiante, empresaria, trabajador por cuenta ajena, desempleado o simplemente una persona que quiere cumplir sus sueños.

El deporte es un estado de ánimo. Es una frase que he escuchado decir a muchos entrenadores que han intentado arengar a sus equipos antes de un partido importante o durante una situación adversa que se da en un determinado momento del partido. No puedo estar más de acuerdo. Durante estos años ligado al deporte, he visto a atletas levantarse y correr cuando han estado tirados en el suelo a punto de que se los llevara la ambulancia; he visto a deportistas hacer sus mejores marcas con más de 50 años; a otros festejar que cruzaban una línea de meta varias horas después que los ganadores o a equipos ganar partidos con varios jugadores menos. En gran parte, la magia del deporte es esa, nos atrae porque infringe la norma, se rompe la teoría con mucha frecuencia y, como en la vida, hace muy amplio el concepto de ganar, estando en muchas ocasiones alejado del resultado.

En mi caso, primero quise ser deportista, sueño que se esfumó demasiado temprano, aunque pude acumular una trayectoria como nadador de fondo; después luché por ser periodista deportivo en radio, algo que sí llegué a cumplir; para finalizar siendo profesor de Lengua y Literatura, profesión que compagino con mi afición a escribir. Pero más importante que todo esto, sin duda, es la vida personal y familiar. Durante mis 39 años, he atravesado toda una tempestad que me ha llevado de ser un niño poco integrado y foco de insultos a un marido y padre que tiene a su familia como prioridad y al que le gusta disfrutar de los pequeños placeres. Sin embargo, el camino para llegar a este momento ha estado repleto de baches.

Para superar los problemas, te puedes agarrar a muchas cosas. En mi caso, el deporte fue un respiradero, una salida y una fuente de motivación que siempre me empujó a levantar la cabeza y apretar el paso. Esto es lo que quiero compartir contigo, casos como los de esos deportistas solitarios que tienen que dejar su pueblo y a su familia para poder llegar a la élite; los que tienen que superar la enfermedad, los límites de la edad o hasta la persecución política. Te enseñaré héroes del deporte, pero también a quienes han destacado como los más tramposos de la historia. No faltarán algunas anécdotas personales, puede que incluso alguna confesión. También trataré de responder cómo después de que el primer hombre que corrió una maratón muriese por el esfuerzo, decenas de miles de personas se enfrenten cada año a esa distancia en todo el mundo.

Este es un libro para aquel que tiene en sus genes seguir adelante por muchos palos que le lluevan; este es un libro de historias de gente que se levantó tras caer y que te ayudarán a renacer.

1
SOLDADOS, MENSAJEROS Y GLORIA OLÍMPICA

Año 490 antes de Cristo. Dos ejércitos se alineaban sobre la llanura de Maratón. Por un lado, los persas, comandados por Mardonio. En frente, los atenienses, dirigidos por Milcíades y ayudados por un pequeño grupo de la ciudad de Platea. Aquellos soldados eran auténticos atletas, ya que el entrenamiento militar estaba repleto de pruebas de todo tipo, entre ellas, una carrera de resistencia en la que tenían que correr grandes distancias equipados con casco, coraza, grebas (pieza de armadura que cubría las piernas), escudo, lanza y espada. Los mejores en esta prueba formaban parte del cuerpo de hemeródromos, es decir, mensajeros, siendo de los profesionales más apreciados.

Uno de estos hemeródromos, quizá el mejor, era Filípides. Con el ejército persa a las puertas de Maratón y después de que Milcíades no hubiese podido convencer al ejército espartano para que le prestaran ayuda, el cabeza de filas encargó a Filípides trasladar un último y desesperado mensaje. Consiguió un sí por respuesta, «sí, pero en unos días». Para aquello, recorrió 246 kilómetros hasta Esparta. Sin embargo, por lo que Filípides pasaría a la historia sería por una carrera menor.

Los atenienses vencieron la batalla de Maratón, pero lo hicieron sin generar apenas daños entre la flota persa que puso rumbo hacia Atenas. Había que comunicar a la capital que debían resistir hasta que llegase el ejército, que se había volcado en la defensa de Maratón. Unos dicen que volvió a ser Filípides, otras fuentes de la época lo atribuyen a Tersipo. Uno u otro, corrieron entre 40 y 50 kilómetros para entregar el mensaje: «Hemos vencido».

Fueron sus únicas y últimas palabras. Murió de agotamiento. Hace más de 2.500 años de aquello, una muerte que forjó la leyenda de una de las pruebas más duras y gloriosas del deporte, la agónica maratón. Aquellos hombres corrían por trabajo y por supervivencia para sus pueblos. No había cronómetros ni avituallamientos ni zapatillas ni ropa ultraligera, todo lo contrario. Hoy, atletas de todo el planeta reeditan constantemente aquella hazaña, en su mayoría por placer, espíritu de superación o pura devoción y culto al esfuerzo físico. Algo tiene el deporte que es capaz de condicionar nuestras vidas y sacar lo mejor de nosotros mismos. Quizá, algo haya quedado en nuestro subconsciente de aquellos hemeródromos, quizá seamos en parte mensajeros que buscamos decirnos a nosotros mismos que somos capaces de superar la dificultad.

Son muchas las personas que quieren imitar a Filípides, no en su triste final, pero sí en la consecución de la distancia que hizo famosa. Sin embargo, que mucha gente la complete corriendo, no quiere decir que sea fácil. De hecho, hemos tenido casos recientes de personas que han fallecido en el transcurso de carreras. El presidente de la Sociedad Española de Medicina del Deporte, Pedro Manonelles, es tajante: «Estamos enterrando corredores todas las semanas». De hecho, en un artículo del año 2017, se decía que los médicos españoles están alarmados ante la fiebre del *running* debido al escaso control médico al que se somete un corredor, tres de cada cuatro no ha pasado nunca un control de esfuerzo.

Independientemente de que se pasen o no se pasen controles médicos, la maratón es una prueba que requiere de una larga e intensa preparación. Al igual que los hemeródromos requerían de entrenamiento militar, un maratoniano necesita una planificación de entrenamientos, unos controles físicos, seguir una alimentación y todo de forma progresiva y con regularidad. Si lo que buscas son fórmulas mágicas para conseguir tus objetivos, estás equivocado. De entre los actuales corredores populares españoles, tres de cada cuatro no se han realizado nunca una prueba de esfuerzo, el 86,2% no sigue un plan de alimentación adaptado y el 77% tampoco sigue un plan de entrenamiento regular. Además, el 48,5% no realiza ejercicios de calentamiento y estiramiento antes y después de correr, necesarios para una práctica deportiva saludable.

De valientes están llenas las listas de retirados y más teniendo en cuenta una prueba que, para un novato, puede suponer un esfuerzo de cuatro horas como media. Pues así, todo. Correr una maratón no es algo que se deba intentar a lo loco para que, si no lo consigues, te desmotives y te hundas. Sin preparación no suele llegar la meta, ocurre en el deporte y en cualquier ámbito de la vida. ¿A alguien se le ocurriría montar un bar sin formación en restauración? ¿O construir un muro sin saber qué es el cemento? Si alguien te lo plantea, dile que no es una buena idea, le puedes hablar de Filípides, de batallas y de sus riesgos.

2

Esto del deporte es tan antiguo como la vida, por lo que conocer los hábitos deportivos de las civilizaciones originarias es conocernos a nosotros mismos. Varios siglos antes de que viviera Filípides, en la Creta de la era minoica, es decir, aún en la Edad del Cobre, se realizaban juegos con toros y combates de boxeo. Lo conocemos porque se refleja en unas pinturas al fresco de la época. Estas manifestaciones se consideran el primer vestigio de competición deportiva. No obstante, hay quien defiende que el origen del deporte está en Babilonia, entre los siglos XVII y XVI a. C. Asimismo, Millariega defiende que el primer corredor de la historia fue el séptimo faraón de la decimooctava dinastía de Egipto, Amenofis II. Vivió en torno a 1450 a. C. y se le conoce como «el rey atleta». Es famoso por sus victorias militares, pero también por su velocidad, ya que cuando se ponía a correr, nadie era capaz de seguirle el ritmo.

El deporte en la Antigua Grecia se consolidó y causó furor. Homero en la Ilíada mencionó los juegos fúnebres en honor a Patroclo. En ellos hubo boxeo, carreras de carros, carrera a pie, lanzamiento de peso, lucha, tiro con arco y lanzamiento de jabalina. Había juegos deportivos en las diferentes ciudades-estado griegas. Hubo unos muy importantes en Delfos, llamados los Juegos Píticos, pero los más populares eran los que se celebraban cada cuatro años en Olimpia, al pie del monte Cronio. De cara a la competición, se decretaba una tregua olímpica para que los participantes pudieran viajar en condiciones de seguridad hasta Olimpia. Se cita como primera fecha de los Juegos Olímpicos el año 776 a. C, una competición con una única prueba, la carrera del estadio, donde ganó Corebo de Élide. Es el único nombre que se conserva de los ganadores de las primeras 27 ediciones de los juegos.

Los Juegos Olímpicos se convirtieron progresivamente en un

fenómeno social, conectado directamente con rituales religiosos de la época. De hecho, en Olimpia estaba el templo de Zeus cuya gigantesca estatua de oro y marfil, hecha por Fidias, se consideró una de las siete maravillas del mundo. Por lo tanto, la combinación deportivo-religiosa fue fundamental para elevar la cita olímpica.

Para participar en las pruebas había que constatar la condición de ciudadano griego y, en ocasiones, atletas que procedían de colonias griegas más lejanas no eran admitidos. Asimismo, numerosísimo público se acercaba hasta Olimpia para vivir las pruebas, rendir culto a sus dioses y convivir en unos días que servían para el acercamiento de pueblos y cerrar intercambios comerciales. De hecho, las praderas cercanas a Olimpia se convertían en espacios para la acampada y el alboroto, llenando de vida el lugar. En aquellos juegos de la Antigüedad, había carreras, salto de longitud, lanzamientos, lucha, boxeo, pancracio (un arte marcial mixto), carreras de carros y de caballos, pentatlón y concursos artísticos como de trompeteros, de heraldos, de canto o de actores.

En lo que respecta a las carreras, nunca se alcanzó una distancia como la de la maratón. La más esperada era la de velocidad, de 192,27 metros. Había otra de ida y vuelta denominada diaulo y el dólico, una prueba de resistencia cuya longitud no conocemos con exactitud. Hay quien habla de siete estadios, otras fuentes indican que doce y otras 24. También se disputaba una prueba con armamento que servía de preparación para la guerra.

De lo que no hay constancia es de las marcas de estas competiciones. Y no la hay porque no existían los cronómetros. De hecho, el competidor no podía luchar por mejorar su marca, sino solo por ganar la carrera. No obstante, muchos de los participantes, al ser militares, tenían entrenamientos extenuantes casi equivalentes a los de los deportistas de élite de hoy, por lo que no se puede desdeñar que sus marcas tuvieran un buen nivel.

¿Y a qué viene todo esto? Viene a que el hombre, desde muy antiguo, tiene ansia y afán de competidor. Si hoy somos capaces de dejarlo todo por entrenar a diario y disputar una carrera, el hombre de hace varios miles de años también lo hacía. Y también había espectadores para aquellos eventos, como sucede hoy en día en los estadios o en las calles donde se disputa una carrera. Incluso se generaba actividad paralela al deporte como hoy puede ocurrir con el turismo o el comercio que hay de forma paralela a las actividades deportivas. El tiempo ha pasado, pero el hombre tampoco ha cambiado tanto en torno al deporte. Su fuerza ha resistido tras milenios de vida, aunque esa supervivencia no ha sido fácil: hubo tiempos oscuros.

3

Con el transcurso de los años, los macedonios también participaron en los Juegos Olímpicos e incluso con la expansión de Alejandro Magno en Persia, los territorios orientales realizaron sus propios juegos. En un principio, cuando Roma conquistó Grecia, también empezaron a participar en los juegos, pero con la adopción del cristianismo, el deporte fue ganándose la fama de pagano. Aquella acusación tenia parte de razón, ya que había sacerdotes, los *theócolos*, que supervisaban los templos, conservaban los altares y organizaban los ritos con una función litúrgica en torno a los juegos. En el año 392, el emperador Teodosio I los prohibió, pero no fue lo peor que podia ocurrir. Entre los años 395 y 396, hordas godas invadieron y saquearon Olimpia. Pero incluso si había quedado algo, en el 408, Teodosio II decretó la destrucción de los templos dedicados a los dioses paganos. Para colmo, dos terremotos en los años 522 y 551 provocaron el deslizamiento de tierra del monte Cronio, sepultándolo todo.

Mucho tiempo después, cuando Olimpia parecía definitivamente perdida, cuando el mundo seguía humeando entre guerra y guerra y generar una entente cordial en forma de evento deportivo entre naciones a nivel global podía parecer una locura, los Juegos Olímpicos se recuperaron en su visión moderna en 1896. Durante el siglo XIX hubo ya movimientos con la idea de organizar eventos similares a los de la Antigüedad. Fue todo paralelo a los descubrimientos arqueológicos realizados sobre la antigua Olimpia. Las ganas de conocer del hombre moderno propiciaron el estudio de la zona y el espíritu de superación impulsó la actividad deportiva. Una expedición francesa comenzó a excavar Olimpia en 1829. Aquellos trabajos fueron continuados por alemanes a partir de 1875 y se obró el milagro. Se descubrió intacta una estatua de Hermes con el niño Dioniso obra de Praxíteles. Pero además, el espíritu olímpico revivió y hubo una persona, un noble, Pierre de Coubertin, que lo abanderó. Hizo añicos el deseo de su padre de que fuese militar para dedicarse a la pedagogía y buscó durante toda su vida la perfección espiritual por medio del deporte y la higiene. Comenzó a fundar sociedades atléticas por institutos de Francia y, posteriormente, daría el salto a Estados Unidos. Es el responsable de que el deporte se tomara en serio y fue él quien comenzó a soñar con una competición entre deportistas de todo el mundo bajo la unión y la hermandad, sin pretensiones económicas y con el único deseo de que el ganador alcanzara la gloria. Al principio, en un mundo de pocos acuerdos, la idea de Coubertin no era atendida, hasta que en 1894, en un Congreso Internacional de Educación Física que se celebra en la Universidad de la Sorbona en París, se constituyó el Comité Olímpico Internacional. Menos de dos años después y tras muchas gestiones políticas, el 24 de marzo de 1896, el rey Jorge de Grecia pronunció por primera vez la siguiente frase: «Declaro abiertos los Primeros Juegos Olímpicos Internacionales de Atenas». No fue en Olimpia, pero sí en la capital del mismo país y aquel espíritu de Olimpia estaba, sin duda, presente. No hay que olvidar que, todavía hoy, la llama olímpica se prende a los pies del monte Cronia donde a mediados del siglo XX fue desenterrado el antiguo estadio que en los juegos de Atenas 2004 acogió la prueba de lanzamiento de peso. El deporte ha sobrevivido a la historia y a las grandes masacres, casi todo en la vida es recuperable.

4

Desde la primera edición, quedó claro que los Juegos Olímpicos modernos iban a ser diferentes a los de la Antigüedad teniendo en cuenta que la sociedad había cambiado mucho en casi 2.000 años. Una de las principales novedades fue incorporar la carrera de maratón. La persona que la impulsó no tenía nada que ver con el deporte. Fue el filólogo Michel Bréal quien propuso a Coubertin la celebración de esta Carrera. Se fijó su distancia en 40 kilómetros para homenajear la gesta de Filípides relatada por Heródoto. Bréal hizo la petición por medio de una carta que decía lo siguiente:

> Dado que va usted a Atenas puede ver si podría organizarse una carrera de larga distancia de Marathon a Pnyx... Tendría un sabor antiguo... Si podemos saber el tiempo que el soldado griego había necesitado para la distancia, podríamos establecer un récord a batir... Reclamo para mí el honor de patrocinar la "copa de Marathon" para el ganador.

Finalmente, el rey George I donó la copa para el ganador de la maratón olímpica, aunque hubo algunas dificultades organizativas como trazar el recorrido definitivo teniendo que sortear el monte Pentelikon de 1.109 metros sobre el nivel del mar, ubicado entre Maratón y Atenas. Además, no se confiaba en que hubiese corredores capaces de realizar una distancia tan grande, por lo que se encargó al general Papadiamantopoulos que realizara una selección de atletas que pudieran entrenar específicamente.

Cuando el hombre se propone algo, se suele llegar a buen término y, finalmente, hubo maratón, aunque se quedaron ligeramente por debajo de los 40 kilómetros. En París 1924, se intentó ser más exacto fijando la prueba en los 42.195 metros actuales. Desde entonces, esa cifra pasaría a ser toda una leyenda, aunque no se trate de la distancia exacta entre Maratón y Atenas. De hecho, proviene de una anécdota de los Juegos Olímpicos de Londres 1908. En aquella maratón, entre la ciudad de Windsor y el estadio White City de Londres, se añadieron unos últimos metros de más para que la final tuviera lugar frente al palco presidencial del estadio, cosas de la reina.

Pero volvamos a los primeros Juegos Olímpicos. El griego Spyridon Louis ganó la primera maratón en Atenas 1896 con un tiempo de 2 horas 58 minutos 50 segundos. Fue el único de los 17 participantes, doce de ellos del país anfitrión, que corrió por debajo de las tres horas. Le escoltaron en el podio el también griego Kharilaos Vasilakos (3:02:06) y el húngaro Gyula Kellner (3:06:35). No participaron mujeres (no lo harían hasta Los Ángeles 1984) y solo consiguieron finalizar nueve atletas. Como ves, ya en esos primeros juegos sí se recogieron los tiempos de los participantes, algo que no ocurría en la Antigüedad. La carrera se disputó el 10 de abril. Tras el pistoletazo a cargo del coronel Papadiamantopoulos, la carrera transitó por los polvorientos caminos entre el pueblo de Maratón y el Estadio Panathinaiko, donde cuentan que había 60.000 espectadores que contemplaron la llegada de los atletas.

Lo que ya dejó claro la primera maratón olímpica es que en esta carrera puede suceder cualquier cosa en lo que al resultado se refiere. Spyridon Louis, conocido como "Spyros", ganó aquella carrera contra pronóstico, ya que el favorito era Vasilakos, ganador de la maratón de los Juegos Panhelénicos. Spyridon era vendedor de agua por las calles de Atenas y fue seleccionado por el coronel Papadiamantopoulos, que lo conocía de cuando prestó el servicio militar. A nivel deportivo, fue la única competición oficial en la que participó en su vida y le sirvió para ser el único campeón griego de la maratón olímpica. Spyridon Louis falleció en 1940 a los 67 años de edad.

La maratón sirvió para hacer todavía más grande el espíritu olímpico, es además la prueba que cierra el calendario y sus ganadores son considerados auténticos héroes, casi al nivel de los de la antigua Grecia a los que se les otorgaba el derecho de hacer una estatua en su honor. Fíjense que, según la leyenda, Filípides murió tras aquellos 42 kilómetros y solo nueve finalizaron la primera maratón olímpica. Como contraste, hoy en día la maratón de Nueva York tiene un récord de 52.000 participantes en una sola edición.

Pero si hablamos del primer ganador olímpico de la maratón, también es justo hacerlo de la primera campeona femenina. Sin duda, las condiciones fueron muy diferentes a las de la cita griega de 1896. En Los Ángeles 1984, hubo 50 atletas maratonianas de 28 países. La atleta estadounidense Joan Benoit logró obtener la medalla de oro con un tiempo de 2 horas, 24 minutos y 52 segundos. La noruega Grete Waitz fue plata con 2:26:18, mientras que la portuguesa Rosa Mota consiguió el bronce con 2:26:57. Aunque Benoit queda oficialmente como la primera ganadora olímpica de la maratón, hay archivos que señalan que otras mujeres merecieron esa gloria mucho antes, también en los primeros juegos. El semanario *El mensajero de Atenas* publicó el 14 de marzo de 1896 que había una mujer que deseaba inscribirse en la maratón: «Realizó la prueba por su cuenta hace unos días tardando cuatro horas y media en recorrer la distancia que separa Marathon de Atenas. Se detuvo durante unos diez minutos, a media carrera, para sorber unas cuantas naranjas. Es una mujer de temperamento fuerte y animosa».

Aunque el nombre de aquella mujer ni siquiera se conoció, años más tarde, el historiador Taraskelas Athanasios, publicó que era Stamata Revithi, nacida en Syros en 1866. En la fecha de los Juegos Olímpicos tenía un hijo de 17 meses y era muy pobre. Distintas versiones la denominaron Melpómene, como la musa de la tragedia griega. Se habló de que tras una preparación previa de tres semanas, realizó finalmente la maratón un día después de la maratón oficial. Aunque ni siquiera se le dejó entrar al estadio para cruzar la meta, el maestro, el alcalde y un magistrado local firmaron y sellaron una acreditación con su hora de partida desde Maratón, las 8.00 de la mañana, llegando a las afueras del estadio a las 13.30 horas, según cuentan Aguilera y Rosell en su artículo *La primera maratón de la historia*.

¡Cuánta diferencia entre aquella legendaria Melpómene y "Spyros"! El primer ganador de la maratón olímpica recibiría numerosos honores y reconocimientos posteriores. Llegó a ser presidente honorario de la delegación griega de los Juegos Olímpicos de Berlín en 1936 y, en 2004, el estadio olímpico de Atenas pasó a llevar su nombre. En cambio, el nombre de Melpómene o Stamata Revithi, que hizo la misma distancia, quedaría limitado a algunos apuntes sueltos en publicaciones que dejan muchos detalles en el aire. Imaginen ambas imágenes, la de la mujer, solitaria, sin ni siquiera poder entrar en el estadio, sin recibir ni un solo aplauso, sudorosa, sedienta y polvorienta; frente al hombre, también desgastado físicamente, pero sonriendo aclamado por la multitud, alzando los brazos al cruzar la meta, recibiendo su corona de laurel.

Tendrían que pasar muchos años, hasta 1967, cuando en la maratón de Boston, la estadounidense Kathrine Switzer corriera y completara oficialmente los 42.195 metros. Lo hizo además teniendo que ocultar su nombre en la inscripción, se apuntó como K. Switzer. Durante el transcurso de la prueba y cuando corría junto a su novio y a otro grupo de corredores, el juez y codirector de la carrera al ver que era una mujer, intentó detenerla al grito de «lárgate de mi carrera y dame esos números» llegando a empujarla. Pero se encontró con la oposición de los atletas y pudo finalizar la prueba en 4 horas 20 minutos con su dorsal 261, número que pasaría a ser emblemático para el feminismo deportivo. Switzer terminó la prueba de forma oficial, aunque no fue la primera. Un año antes, Roberta Gibb, participó de forma no oficial, es decir, sin inscribirse, y realizó la distancia en 3 horas y 21 minutos. Aquellas dos mujeres demostraban que la maratón debía abrirse a ambos sexos. Cinco años después de la carrera de Switzer, la Maratón de Boston permitió la participación de mujeres y no era cualquier cosa, ya que es la maratón anual más antigua del mundo (se originó en 1897). Switzer ganó la maratón de Nueva York en 1974 y fue segunda en Boston en 1975 con 2 horas 51 minutos 37 segundos, lo que da muestra de la progresión que tuvo durante aquellos años. Probablemente, la clave estuvo en Jock Semple, aquel juez que intentó expulsarla. Si no llega a resistirse, si nadie le dice que Kathrine tenía el mismo derecho a correr la maratón que cualquier hombre, si esta hubiese agachado la cabeza, le hubiese dado el dorsal y se hubiese apartado, es posible que la mujer hubiese tardado más tiempo en ser aceptada en las maratones y que ella nunca pudiese hubiese conseguido victorias mejorando sus marcas de aquella forma. Para que luego nos digan que la rebeldía y ponerse en riesgo no valen de nada.

¿Qué quiero transmitirte con todas estas historias? Que de vez en cuando es bueno echar la vista atrás para buscar experiencias que nos sirvan de inspiración. ¿Lo tenemos nosotros más difícil que aquellas primeras maratonianas? Sin duda, no. Hoy somos unos privilegiados por vivir en un mundo, que aunque mantenga desigualdades, nos ofrece muchas más posibilidades que las que tuvieron aquellos que vivieron antes que nosotros. Si inicias algún tipo de proyecto, mira hacia atrás para aprender, para no desertar ante el primer problema, para ser mucho más exigente contigo mismo. No sé si este comienzo de libro te estará resultado aburrido, pero en la historia siempre encontraremos multitud de respuestas y me parecía oportuno comenzar mirando atrás.

25

5

El perfeccionamiento de la maratón y la incorporación de la mujer al deporte ha ido paralelo al crecimiento de los Juegos Olímpicos. En 1924, en Chamonix, creció la familia, ya que se celebraron por primera vez los Juegos Olímpicos de invierno. Además, en 1960, se fundaron los Juegos Paralímpicos, en 2010 se disputaron los primeros Juegos Olímpicos de la Juventud de verano y en 2012 los de invierno. Además, cada vez se han ido incorporando más pruebas y más disciplinas en una lista que permanece abierta. No obstante, hablar de los Juegos Olímpicos es también hablar de la superación de dificultades. No hay que olvidar que hubo dos momentos en los que no se pudieron celebrar los juegos. En 1916, no se disputaron por la Primera Guerra Mundial y en 1940 y 1944 no lo hicieron por la Segunda Guerra Mundial. Además, el mundo ha visto recientemente cómo los Juegos de 2020, a celebrar en Tokio, se han aplazado a 2021 por la crisis del coronavirus. Y, aunque no ha supuesto cancelación, otro factor que ha conllevado ciertos perjuicios al deporte y a la competición olímpica, ha sido el dopaje, que ha visto como se le han retirado a muchos ganadores sus medallas. En otras ocasiones, han aparecido los boicots, como ocurriera en 1980 y 1984 por la Guerra Fría, o hasta se han investigado sobornos a miembros del COI, como los relacionados con la candidatura de Salt Lake City para los Juegos Olímpicos de Invierno de 2002. En los últimos años, también se ha criticado el exceso de comercialización de los Juegos, acercándolos más a un evento publicitario que a una competición deportiva y alejándose de los valores originales propulsados por Coubertin, algo que afecta al deporte en su conjunto. Sea como sea, los Juegos Olímpicos, hasta la fecha, se han sobrepuesto a todo, siguen siendo la cita deportiva global más seguida en el mundo y marca los calendarios y las vidas de los mejores deportistas del planeta. El evento se ha sobrepuesto, incluso resucitando casi dos milenios después tras la desaparición de Olimpia, lo que indica que el deporte puede con todo. Por supuesto, la crisis del coronavirus, aunque haya supuesto que los deportistas hayan estado en el dique seco durante más de dos meses, parece un fenómeno menor, pero impensable tan solo semanas antes al confinamiento de la población.

Tómate toda esta historia de los Juegos Olímpicos como una introducción para hablar precisamente de eso. De dificultades superadas, de seres que se han tenido que reinventar para salir adelante y, en muchos casos, alcanzar logros inimaginables.

Volviendo a la maratón, uno de esos nombres propios es Abebe Bikila, el primer atleta africano que ganó una medalla de oro en los Juegos Olímpicos. Fue en Roma 1960, corriendo descalzo. En un momento de la prueba, Abebe corrió por la plaza de Porta Capena. Pasó frente al obelisco de Axum, un monumento de granito de 1.700 años de Antigüedad que procedía del país natal de Bikila, Etiopía. Los italianos lo habían llevado hasta Roma como trofeo de guerra cuando en 1937 acababan de conquistar el territorio africano y pretendían formar su propio imperio colonial fascista. Aunque tras la caída de Mussolini hubo un acuerdo con la ONU en 1947 para devolver el monumento, no se hizo nada al respecto. Así que en 1960, Bikila daba zancadas y se erigía como el mejor corredor de fondo del mundo frente a aquel pedazo de su país. Sin duda, debió servirle de motivación, ya que no solo ganó el oro, sino que con 2 horas 15 minutos y 16 segundos, batió la plusmarca mundial. En Tokio 1964 llegó a rebajar aquel tiempo en más de tres minutos. Años más tarde, poco después de retirarse en México 1968 afectado por la altitud, se vio involucrado en un accidente de tráfico que le dejó parapléjico. Afectado por las consecuencias, murió en 1973. Solo tenía 41 años, habían pasado 13 años de la hazaña de Roma, 26 del acuerdo para devolver el monolito de Aksum, pero este siguió en aquella ciudad que le vio vencer hasta 1997, estando además desmantelado y guardado en unos almacenes del aeropuerto hasta que se aceleró su traslado y en 2008 fue reerigido en Tigray, en Etiopía, de donde nunca debió salir. Aunque el estadio de la capital, Adís Abeba, lleva el nombre de Bikila, probablemente levantar de nuevo el monolito fuese el mejor homenaje que puede tener uno de los mejores maratonianos de todos los tiempos.

6

LA ESPAÑA VACIADA DE DEPORTE

Recuerdo fugazmente algunas imágenes de los Juegos Olímpicos de Seúl. Acababa de cumplir siete años. Aquella mañana, había ido con mi padre a un bar y en la televisión estaban poniendo la ceremonia de clausura. «Ya están terminando hoy, por fin», dijo alguien en la barra, notándose el pesimismo que quizá venía propiciado por la actuación de la delegación española en aquella cita deportiva. Sí, porque España solo consiguió cuatro medallas, el oro en vela de José Luis Doreste, la plata en tenis de la pareja compuesta por Sergio Casal y Emilio Sánchez Vicario y los bronces de Sergi López en natación y de Jorge Guardiola en hípica. Es curioso que uno de mis últimos reportajes como periodista tuviera relación con aquellos primeros recuerdos olímpicos. No fue especialmente fácil contactar con él. Tuve que dejar un mensaje en un gimnasio al que él suele ir y donde finalmente me facilitaron su número. Su historia terminó saliendo publicada en un periódico provincial y lo entrevisté para mi programa de radio. Fue un pequeño homenaje, pero creo que muy merecido, a un deportista de un municipio desaparecido. Su nombre es Joaquín Valle.

En varias ocasiones, había hecho reportajes con distintos enfoques sobre uno de estos municipios que en la España franquista se vieron anegados por las aguas de un embalse. Esta tragedia para tantas y tantas familias terminaría siendo, en gran medida, el factor que llevara a un niño de aquel pueblo desaparecido en mi comarca a disputar los Juegos Olímpicos. Muchos años antes de Seúl 88, los niños de Peñarrubia (Málaga), jugaban junto al río. Entre baño y baño, se esforzaban por levantar las piedras más grandes que podían. Era uno de sus juegos preferidos y al pequeño Joaquín parecía que no se le daba del todo mal. Aquel juego, a principios de los años 60, en un pueblo de menos de 2.000 habitantes sin instalaciones deportivas, no iba a dejar nunca de ser un juego. Sin embargo, la emigración forzosa de Joaquín y su familia hasta el País Vasco le abrió nuevas posibilidades. En el pueblo de Abetxuko, a cuatro kilómetros de Vitoria, conoció un club de halterofilia donde consolidó aquellas cualidades que había desarrollado en los campos de Peñarrubia. Lo hizo hasta tal punto que terminó batiendo 51 récords de España absolutos y siendo diploma olímpico en Seúl 88.

De los restos de Peñarrubia en el embalse de Guadalteba ya no queda mucho. Al moverme por la zona continuamente, he paseado numerosas veces por allí y he hablado con muchas personas que en su día fueron vecinos o tuvieron familia en el pueblo desaparecido. Sus recuerdos están intactos, sus historias me siguen emocionando y cuando uno camina a orillas de aquel embalse o transita por la carretera bajo su sierra, es imposible no imaginar que allí podría haber todavía un pueblo, sigo sintiendo un extraño palpitar y cierta rabia al recordar que toda una localidad -con sus costumbres y tradiciones, su pasado, su presente y su futuro- desapareció por una decisión política. Sin embargo, los recuerdos de sus vecinos son imborrables, aunque hoy estén repartidos entre la provincia de Málaga, por Cataluña, el País Vasco u otros lugares muy distintos. Fue en una de aquellas entrevistas cuando un antiguo habitante de Peñarrubia me habló de que habían tenido un atleta olímpico en halterofilia. Fue a partir de ahí cuando me puse a investigar para poder hablar con uno de los más ilustres peñarrubieros, Joaquín Valle, que aún hoy sigue siendo el primer y único deportista olímpico nacido en la comarca natural de Antequera hasta la fecha.

Ya viviendo en Abetxuko, con 16 años, empezó a tomarse la halterofilia en serio y después de varios intentos, consiguió clasificarse para Los Ángeles 1984. Fue en Seúl donde le llegó su mejor resultado con el séptimo puesto tras levantar 112 kilos en arrancada y alcanzar los 135 en dos tiempos. Participó también en los Juegos del Mediterráneo donde consiguió siete medallas, tres de oro.

Durante años, Joaquín Valle fue el mejor levantador español y llegó a batir hasta cuatro récords nacionales en una única jornada. «Son muchos años de entrenamiento porque continuamente te tienes que estar preparando, año tras año. Yo tras diez años de entrenamiento lo conseguí, ahora tengo 62 y parece que fue ayer», me explicaba en su día Joaquín, que volvió años después a competir en categorías de máster (veteranos) y consiguió ser campeón de España en 2015. Es decir, sigue aferrado al deporte y si a nivel absoluto fue 29 veces campeón de España, como máster ya ha conseguido unos cuantos títulos.

Pero más allá de ser deportista, Joaquín Valle se ganó la vida como barrendero en Vitoria, haciendo también sus pinitos como monitor de gimnasio. Profesionalmente y deportivamente se hizo fuera de Peñarrubia, aunque en lo personal sigue siendo aquel niño que se crió en la calle Varela del desaparecido pueblo y cuya familia ha terminado repartida por diferentes lugares. Tiene hermanas en Campillos y en Santa Rosalía, dentro de la provincia de Málaga, y en Madrid. Hace unos años pudo visitar el actual embalse y no pudo evitar emocionarse. No obstante, si hubiera seguido viviendo en un pueblo como Peñarrubia, quizá nunca habría sido deportista de élite, ni habría estado en dos Juegos Olímpicos, ni habría batido récord tras récord.

Seguro que han escuchado aquello de cuando se cierra una puerta, se abre una ventana. A veces, un revés en la vida nos puede abrir nuevas posibilidades, hacer que nos planteemos nuevos retos que antes jamás hubiésemos pensado. A muchas de las personas que un día tuvieron que dejar su lugar de nacimiento se les abrieron muchas más posibilidades de futuro. Muchos de los que pierden su vivienda, su trabajo o su empresa puede que lleguen a un lugar mejor con la lección aprendida y donde obtengan la prosperidad que necesitan.

7

Peñarrubia desapareció como otros pueblos actuales están cerca de hacerlo. Uno de los enfoques poco habituales de la España vaciada, es el de la España vaciada de deporte. Hay pueblos que, aunque mantienen cifras considerables de habitantes, no tienen los equipamientos para ofrecer las mismas posibilidades a sus ciudadanos que en las grandes ciudades. Yo en parte también he vivido eso. Nací en el año 1981, me aficioné a nadar en verano, participé en competiciones entre pueblos de la provincia, pero cuando llegaba el mes de septiembre, la piscina cerraba y había que esperar para volver a entrenar hasta junio del año siguiente porque no había instalación cubierta. Solo con dos meses y medio de natación al año, notaba que cada verano progresaba mucho, pero de poco servía. Quizá yo no hubiese llegado a nada porque no era de los mejores, pero vi como otros nadadores prometedores no podían continuar su progresión porque en mi ciudad no había piscina cubierta. La abrieron cuando ya era adulto, demasiado tarde para mí y para otros muchos. Y hablo de una localidad de más de 40.000 habitantes. Situaciones así se siguen viviendo en los pueblos, de ahí que tenga tanto mérito cuando, más bien por generación espontánea, de vez en cuando salen auténticos portentos del deporte de pueblos minúsculos y perdidos en el mapa. Quizá por eso, hace unos años, levantó tanta expectación el caso de la luchadora Maider Unda, bronce olímpico en Londres 2012. Cada día trabaja en su propia granja donde ordeña a las cabras y fabrica quesos de la denominación Idiazabal. Compatibilizar esa actividad junto a los entrenamientos requiere que tenga que levantarse cada día a las 6 de la mañana. El caserío de Maider está en la provincia de Álava, entre caminos rurales, robles centenarios y verdes prados. Sin duda, estamos ante un caso excepcional de deportista de pueblo, aunque no es el único.

El atleta Óscar Husillos, subcampeón de Europa de 400 metros en pista cubierta, es de Astudillo, un pueblo de 1.004 habitantes en la provincia de Palencia. Según contó en *El Heraldo Diario de Soria*, renunció a vivir con su familia porque en su pueblo no existen ni instalaciones, ni clubes, ni entrenadores. Se trasladó a una residencia deportiva de la Junta de Castilla y León en Palencia y fue donde pudo pasar de correr carreras populares, a entrenar todos los días para decantarse por la velocidad. Por medio de una beca, pudo vivir fuera de casa y poder compaginar estudios y atletismo. Tuvo además la suerte de hacerlo junto a su hermano, Sergio, también becado como atleta. Desde pequeños, los hermanos Husillos destacaron en el atletismo y su familia siempre colaboró. «Tienes que querer hacerlo; es muy sacrificado», aseguró al rotativo Carmen Domingo, madre de los atletas. Pero ojo porque las becas son solo una ayuda y no suelen ser suficientes para cubrir todos los gastos. Es decir, que esto del deporte también tiene mucho de élites y, difícilmente, familias que no llegan a final de mes van a poder dar una salida deportiva a sus hijos, ya que practicar deporte, sobre todo cuando es de base, nunca sale gratis.

8

Durante mis años como periodista deportivo en una comarca que en su mayoría está compuesta por municipios de escasa población, he visto muchos deportistas que han despuntado en categorías inferiores, pero después no han conseguido consolidarse en edad absoluta, a veces porque en un pueblo se encontraban aislados y no podían prosperar, aunque otras veces también ha sido por simple mala suerte. He conocido a un piloto de motos cuyos padres tuvieron que sacar un préstamo para que su hijo pudiera terminar una temporada corriendo; a un solitario marchador que encontró patrocinador a través de un llamamiento a la desesperada a través de una entrevista en la radio; a un ciclista cuyo equipo desaparecía en su primer año como profesional y terminó atendiendo al público en una tienda de bicis; a triatletas que tenían que decantarse por una sola disciplina de ese deporte por la complejidad de entrenar tres deportes al mismo tiempo; a jugadores de bádminton poniendo sus coches para cruzar España como única forma de jugar en la máxima competición nacional; atletas que se han aburrido de hacer kilómetros y kilómetros en solitario y, sobre todo, muchos deportistas bien asentados en sus equipos y con posibilidad de progresar, que cuando tenían que pasar a la universidad, se veían obligados a dejar su club y el deporte. Sí es cierto que hay una disciplina que está al margen de todo esto: el fútbol. Sí. Porque campo de fútbol suele haber en todos los pueblos, también escuelas y clubes, y hay tantos ojeadores buscando estrellas repartidos por España que no dejan de examinar ni al equipo más humilde.

Sin embargo, la fuerza del deportista es tan grande cuando tiene convicción en lo que hace que hay quienes destacan sean de donde sean. Un caso cuyo ascenso viví de cerca fue el del pivote de balonmano, Rafa Baena.

Estepa, en la provincia de Sevilla, tiene renombre por sus dulces de Navidad. Allí creció Rafa Baena, que por su físico, pudo ser simplemente un niño algo más fuerte que los demás. Sin embargo, dentro de la cancha de balonmano, demostró ser todo un portento desde muy joven, ya que convirtió su peso en fortaleza para que nadie lograra arrebatarle la posición como pivote. Estepa no tiene ni ha tenido equipo de balonmano de élite, pero sí tenía todo lo que necesitaba Baena en su juventud. Es decir, un club donde formarse, y una buena ubicación geográfica que le dejaba cerca de otras localidades con buenos equipos. Así, Baena se formó en el club de Estepa, subió de categoría fichando por el equipo de Dos Hermanas (Sevilla); volvió a subir marchándose a Palma del Río (Córdoba); para debutar en la Liga Asobal (primera categoría) en Antequera (Málaga); todas estas ciudades cercanas a donde tenía a su familia. En su primer año en Asobal, fue uno de los diez máximos goleadores de la liga y lo hizo con un juego diferente al de todos los demás pivotes de la liga en esa época, coger el balón y no soltarlo hasta lanzar a portería. Y como tenía un buen lanzamiento, anotaba mucho.

El ascenso de Rafa Baena fue rápido, optó por dedicarse profesionalmente al balonmano y el tiempo le daba la razón, porque en la temporada 2010/11 fue el máximo goleador de la liga. Sin embargo, optar por el deporte como salida laboral pudo arruinarle la vida, ya que fue un deporte que se vio perjudicado muchísimo por la crisis económica. Primero tuvo problemas de impagos en Antequera, club que terminó descendiendo y desapareciendo. Salió de Andalucía fichando por el Ademar León, uno de los mejores clubes de la historia del balonmano español. Sin embargo, en su primer año también hubo problemas económicos. Su salida pasó por Francia, después volvió a Andalucía para jugar en Puente Genil (Córdoba) y fue entonces cuando en 2015, un equipo de la mejor liga del mundo, la alemana, se fijó en él, fichó por el Rhein-Neckar Löwen donde encontró estabilidad y títulos: dos ligas, dos supercopas y una copa. En 2016, fue además campeón de Europa con la selección española, imponiéndose en la final a Alemania. Tras dos años en otro equipo alemán y mientras escribo estas líneas, conocía el fichaje por el nuevo club de Antequera, el Balonmano Los Dólmenes. Todo parece indicar que el jugador estepeño busca de nuevo el calor andaluz y la cercanía de su familia.

Lo natural es que el deportista se aleje de su localidad para triunfar, pero creo que el deporte puede ser también una oportunidad para los pueblos, incluso para aquellos que están perdiendo población. No debe ser pretensión de un pequeño municipio querer abarcar muchos deportes, pero sí puede ser una opción especializarse en una única modalidad, es ahí donde puede estar la oportunidad. Pero ojo porque no hablo de un caso puntual donde el empresario de turno haga una inyección económica para que un club de la zona ascienda hasta la máxima categoría. Eso, a medio y largo plazo, suele salir mal. Hablo de potenciar un deporte desde la base, hacer una cultura deportiva, atraer a lo mejor de la cantera del entorno y formar a técnicos. Un ejemplo en este sentido ha sido San Sadurniño, un municipio gallego que no llega a 3.000 habitantes. Allí está el club de voleibol Aldebarán, que nació a finales de los 70 por iniciativa de un maestro del colegio público de la localidad y terminó llegando en 2018 a la Superliga masculina. Un amigo que es gestor deportivo, Raúl Romero, siempre me decía que para que un club se pueda sostener al máximo nivel requiere de tres pilares que hagan su aportación a partes iguales: apoyo social, apoyo institucional y apoyo empresarial. Si una de esas tres patas falla, el proyecto empezará a cojear. En el caso del Aldebarán, el pueblo siempre ha sentido el club como algo suyo. No es para menos si surgió entre sus escolares. Pero además, han contado con el apoyo del Concello de San Sadurniño y de una empresa local del sector de la madera. Y es verdad que el equipo ya no está en la Superliga, pero se mantiene en la segunda categoría, algo que sigue siendo muy meritorio con tan poca población. Lógicamente, competir en fútbol con las grandes ciudades es algo muy complicado, solo quizá roto por experiencias puntuales como la del Extremadura de Almendralejo, la del Numancia de Soria o el Eibar, pero en otras disciplinas sí que es más factible. El deporte no solo genera vida y actividad en un pueblo, también hace memoria colectiva, identidad y movimiento económico. Hoy en día, existen pequeñas poblaciones que se conocen por maratones de montaña, carreras de ciclismo o triatlones. Se ponen de actualidad un fin de semana al año a través de pruebas donde participan decenas de personas que desembarcan en el pueblo con sus familias en lo que es un evento deportivo, pero también social y turístico. En Andalucía, una población mayor como Ronda se conoce por más cosas, pero el fin de semana del año en el que realmente se ve desbordada es cuando se celebra la competición deportiva de 24 horas a pie y en bicicleta de montaña de los 101 kilómetros de la Legión. No le pierdan nunca la vista al deporte, no sé si como resucitador de pequeños pueblos, pero sin duda, para situarlos de nuevo en el mapa. Y, volviendo a esos tres pilares del deporte, quizá sean válidos para la mayoría de proyectos en la vida: inversión particular, ayuda institucional y apoyo social. Hacer las cosas solo es mucho más complicado que hacerlo con el respaldo de mucha gente.

9

Para terminar este pequeño homenaje al deporte de pueblo, les hablaré de una de las localidades a las que le tengo más cariño. Es Humilladero, también en el interior de la provincia de Málaga. De aquel pueblo salieron en los años 70 dos hermanos que llegaron a disputar el Tour de Francia, Dámaso y Pedro Torres. De forma especial, destacó Pedro, que llegó a ganar una etapa y la clasificación de la montaña del Tour de 1973, siendo décimo de la general en el Tour del 75; ganó una etapa y la clasificación de la montaña en la Vuelta a España de 1977, siendo además segundo de la clasificación general de la Vuelta a España de 1980. Llegó a ser una vez sexto y otra cuarto en el mundial de ciclismo en ruta. Terminó su trayectoria en el mítico equipo Kelme. Palabras mayores. Pero lo que son las cosas, la trayectoria de los dos ciclistas, noveno y décimo de diez hermanos, tampoco se gestó en Humilladero, sino que lo hizo en Barcelona, a partir de la emigración masiva de familias andaluzas de la época, en el caso de los Torres, en 1957. Pedro, nacido en 1949, comenzó a competir en juvenil en 1966. Casi al mismo tiempo lo hizo Dámaso y en el 68 ambos entraron en el equipo amateur del Club Ciclista Barcelona. Tras pasar por otro club aficionado, el campeón del Tour de Francia, Federico Martín Bahamontes, proyectó un equipo de ciclismo profesional y dio en él cabida a los hermanos. Ya en su primer año entre la élite, Pedro Torres fue noveno en la Semana Catalana donde se midió con Ocaña o Poulidor. Pero el año de su explosión fue el 73, siendo quinto en la Vuelta a España. Fue cuando ganó la decimocuarta etapa del Tour de Francia entre Luchon y Pau. Tuvo lugar el 16 de julio tras 227 kilómetros. Las imágenes del archivo del Instituto Nacional del Audiovisual muestran una etapa pirenaica de niebla y lluvia en la que Torres se mueve entre lo más granado del ciclismo de la época. En pequeños grupos, los ciclistas van avanzando por descarnadas carreteras casi sin visibilidad, con aspecto de estar calados hasta los huesos, pero adelante, siempre adelante. Manuel Fuente *El Tarangu* tiró de un cuarteto compuesto por Bernard Thevenet, Luis Ocaña y Joop Zoetemelk. Lideraron el paso por el Col d'Aspin. El siguiente puerto era el Tourmalet. La niebla había bajado mucho más, la lluvia seguía y Zoetemelk ya no estaba en grupo de cabeza en la cima del coloso. Los ciclistas se balanceaban sobre sus bicicletas, buscaban abrigo, sus rostros estaban demacrados, pero seguían pedaleando. En el puerto de Soulor las cosas cambiaron. Pedro Torres llegó desde atrás, se ve en las imágenes en pleno ataque pasando ya en cabeza por la cima frente a Fuente, Ocaña y Thevenet. Se lanzó a tumba abierta en el descenso y llegó solo al valle. En el llano, la cámara se le acercó para mostrar su esfuerzo en solitario. Pedalea con convicción, inclinado, en la posición más aerodinámica que permitían las bicicletas de la época. El dorsal 130 lleva la mirada fija al frente, quizá está visualizando la meta. Tiene el rostro tostado, pelo grueso con patillas anchas, su cuerpo es recortado, todo un jornalero de la gloria como diría José María García. El coche de equipo se le acerca, pero él se mantiene con la mirada fija en la carretera. Por detrás, pinchó el líder, había otro grupo de cuatro perseguidores que tiraba con fuerza, el pelotón parecía más relajado, pero él se mantuvo ajeno a todo lo que ocurría detrás, sabía que si mantenía el ritmo, ganaría. Las calles de Pau tenían el asfalto seco, había salido el sol, aunque el público iba abrigado. Torres tenía ventaja suficiente para soltarse de manos en la amplia recta de meta, miró atrás y, entonces, se relajó. Mostró al completo su maillot rojo y blanco que anunciaba una emblemática bebida española. Estiró los brazos, elevó las manos con las palmas abiertas y cruzó la línea. El público francés no aplaudió demasiado, pero en Humilladero cuando conocieron la noticia, debieron saltar de alegría. De hecho, todavía se recuerda la hazaña, la que hizo que aquel niño de pueblo sonriera de oreja a oreja tras ganar una de las etapas reina del Tour de Francia. Sin embargo, el triunfo en la clasificación general de Luis Ocaña, ensombrecería en parte la hazaña de Torres, y eso que también ganó la clasificación de la montaña por delante de Fuente y del propio Ocaña. De hecho, Torres no recibió ni el popular maillot de puntos rojos, que no se instauró hasta 1975.

Son muy curiosas las declaraciones de Torres tras aquel Tour: «Los puertos más altos que había subido eran los españoles por lo que yo ni pensaba en ganar la montaña, ya que en realidad no sabía ni cómo era. Pero empecé a coger puntos en los puertos menores y cuando llegaron Galibier, la Croix de Fer, Tourmalet y aquellos gigantes y vi que aguantaba, me animé». No en aquel Tour, pero sí en otras carreras y en el mundial, fue capaz de codearse con el mayor ganador ciclista de todos los tiempos, el caníbal Edie Merckx. Esto decía Torres tras el mundial de aquel año: «La escapada buena la hicieron Merckx y los mejores, aprovechando el avituallamiento. A pesar de la sorpresa, pude haber saltado del grupo, pero me di cuenta de que delante iban dos españoles y eso me frenó. Luego anduve muy bien y terminé en un buen puesto. La verdad es que para nosotros era difícil aspirar a más». Fue muy humilde Torres, que realmente estuvo a punto de correr como compañero de Merckx como reconocería más tarde: «Después de ganar la montaña en el Tour 73, Merckx quería que fuera con él. Estuve en su casa y me habló muy claro sobre las ventajas e inconvenientes con mucha claridad y honradez. Yo valoré todo lo que él me dijo y decidí no ir. Pero conservo una buena amistad con Merckx».

Curiosamente, aquel 73 fue el mejor año de Pedro Torres, que más tarde supo reinventarse. Cuando estaba en el ocaso de su carrera, en 1980, consiguió ser segundo en la general de la Vuelta a España por detrás de Faustino Ruipérez e incluso estuvo a punto de ganarla tras un ataque en la penúltima etapa. «Algunos compañeros me comentaron que si yo me retiraba haciendo segundo en la Vuelta, qué tendrían que hacer ellos. Pero yo había decidido mi retirada antes de iniciarse la temporada. Estaba el negocio y también la familia y eso necesitaba mi dedicación. Y fui fiel a mi decisión». Su negocio era de ropa deportiva en Tarragona, lo que lo ha vinculado a su tierra de adopción, Cataluña. Sin embargo, nunca ha olvidado los orígenes, Humilladero, donde sigue contando con mucha familia y llegó a ser pregonero de la feria. En este pueblo, incluso hay una peña cicloturista llamada Hermanos Torres, pero quizá, uno de los mejores homenajes, es que probablemente sea uno de los pueblos donde más bicicletas se ven por las calles siendo un medio de transporte muy popular. Tuve la suerte de presentar a Pedro la noche que dio el pregón de la Feria de San Juan de su pueblo. Quizá hablar en público no sea su fuerte, lo hizo brevemente, de forma muy cordial, en un tono muy llano y desplegando toda esa humildad que trasladaba en su época de ciclista en activo. Lo más importante que tenía que decir, lo dijo en la carretera.

Como hizo en su día Pedro Torres, creo que el deportista donde debe hablar es en competición y en su día a día, entrenamiento a entrenamiento. Esto parece estar desviándose últimamente. Tengo perfiles en varias redes sociales y muchas veces me encuentro con cuentas de deportistas que hablan sin ninguna humildad. Sí, seguro que tú también conoces a algunos de esos artistas del postureo que parece que escriben desde el podio de un mundial con la medalla de oro entre los dientes. Acribillan con publicaciones sobre lo que quieren ser, lo que quieren ganar, detallan los muchos metros que han hecho entrenando, declaman sobre la dureza de su deporte, de las injusticias que cometen con ellos o, incluso sin ser profesionales, parecen un escaparate publicitario. Soy defensor del uso de redes y de otras herramientas de comunicación para apoyar al deportista y difundir su valor, sin duda es necesario en la actualidad, pero siempre que se haga con humildad, deportividad, respeto al rival y sin saturar en exceso. El buen deportista debe demostrarlo en la cancha, en la pista o en la carretera, después eso hay que comunicarlo, sin duda, pero en las redes, jugar a ser de élite, sin serlo, no es una Buena estrategia. No olvidemos de donde venimos, tengamos los pies en el suelo.

10
ESPECIALISTAS EN LEVANTARSE DE LAS DIFICULTADES

Creo que ya os he mostrado la zona de España por la que me muevo, por el sur. Nací y resido en Antequera (Málaga). Cumplí un deseo que tuve desde niño haciendo la carrera de Periodismo. Pronto comencé a trabajar. Con apenas 20 años ya firmaba noticias de mi comarca en un periódico de Málaga, después pasé por otros periódicos, agencias y gabinetes de prensa; monté un periódico y una televisión a través de una cooperativa con otros socios que terminó arruinándome; para volver a salir a flote trabajando parcialmente en una emisora de radio, redactando para webs y blogs, presentando eventos y haciendo todo lo que me ofrecían. Aunque han sido muchos medios, haciendo de todo, casi siempre me he movido por los lugares del interior de Málaga, con algunas épocas en la capital de la provincia, pero lo que está claro es que los pueblos han sido mi entorno habitual.

Ser de pueblo puede ser una dificultad, pero no es ni mucho menos el mayor de los problemas para un deportista que puede llegar a la cima. Ya he mencionado que la economía puede llegar también a ser un handicap en el deporte. Pueden serlo también las lesiones, capaces de condicionar el futuro o muchos meses de rendimiento; también la enfermedad o incluso cuestiones ajenas al propio deportista. Sin embargo, el competidor tiene un gen de superación que le hace ser capaz de sobreponerse a las situaciones más adversas. Es aquí cuando retomo lo que anunciaba en el prólogo, los casos de quienes son capaces de levantarse en pleno desfallecimiento para cruzar una meta.

Enhamed Enhamed se tuvo que enfrentar con ocho años a uno de los peores tragos que una persona puede vivir a lo largo de su vida. Cuando todavía estaba descubriendo el mundo, un desprendimiento de retina le dejó ciego. Aquella oscuridad le abrió otras posibilidades en torno a la natación, deporte que comenzó a practicar porque no tenía otra cosa que hacer. A los trece años comenzó a entrenar con más convicción para competir al más alto nivel y a partir de ahí llegaron los resultados que le coronaron como cuádruple campeón paralímpico en Pekín 2008 en 50, 100, 400 libres y 100 mariposa. En total, entre Atenas, Pekín y Londres, sumó nueve medallas. Si eso es ya enorme, la forma de ser de Enhamed le ha hecho ir más allá. En varios vídeos que se han hecho virales, declara que eso de la motivación no existe como tal, sino que lo que realmente favorece a los resultados es el trabajo día a día, la constancia, los entrenamientos que salen en los días malos junto a la visualización de la competición. Enhamed es además un apasionado del reto. Se convirtió en el primer deportista ciego en terminar el Ironman de Lanzarote con 3,8 kilómetros de natación, 180 de ciclismo y 42 de carrera a pie. Lo realizó junto a su perra guía, Gayla, y su entrenador y guía, Andreu Alfonso, finalizando la prueba en 13 horas, 53 minutos y 55 segundos. Unos meses después ascendió los 5.895 metros del Kilimanjaro. No fue fácil por el mal de altura, como tampoco fue sencillo terminar un Ironman, según explicaba el propio deportista: «Ahora pienso en todos los meses que entrené para llegar al final de esta prueba, pero nunca visualicé cómo sería ese momento. Ha valido la pena, he tenido sensaciones únicas y, además, he podido compartirlas con una persona tan extraordinaria como Andreu y estar acompañado por mi perra, a la que incluso le han dado una medalla». La historia de Enhamed debe hacernos comprender que a veces estamos constantemente quejándonos por tonterías. Nos puede doler una pierna, un brazo, tener un día malo, un entrenamiento que no sale, un imprevisto que nos impida correr una semana o incluso pasarnos de peso durante un tiempo y estar en baja forma. Pero la vida es a veces tan cruel, que nos puede llevar a auténticos abismos. Y, pese a todo, el deporte puede hacernos salir de ellos.

Uno de los peores días de mi vida fue aquel en el que tras una llamada de teléfono, hice números. Llevaba mucho tiempo sin cobrar, debía tres cuotas de hipoteca, varias mensualidades de otros préstamos, me habían cortado por segunda vez la luz y mi relación de pareja había saltado por los aires. Había dedicado muchos años de mi vida únicamente a trabajar y a una relación que terminó de forma decepcionante. Además, todo aquello había agriado mi carácter, dejé de lado a amigos y a otras personas importantes. Casi como si de una bofetada se tratara, tomé la decisión de cambiar de vida, pero antes tenía que salir del atolladero económico en el que estaba metido. No quería perder mi piso, ni poner en riesgo el de mis padres y había bastantes posibilidades de que aquello ocurriera. Durante meses me tiré al barro para ingresar todo el dinero que pudiera y, aunque resistiéndome, también tuvo que ayudarme mi familia. Me volví a vivir a casa de mis padres, trabajé haciendo radio, escribiendo para un periódico, para una agencia de noticias, notas de prensa, grabando vídeos, maquetando libros, planificando la campaña de un partido político, presentando eventos, oficiando bodas, dando clases de natación… Salir de aquellos apuros me llevó varios años de trabajo sin descanso en los que encontré dos alivios importantes. Uno fue mi nueva pareja, hoy mi mujer, que me acompañó y me ayudó pese a conocer mi situación. El otro gran alivio y método de desconexión fue el deporte, en concreto, la natación. Poder ajustar en aquellos horarios infinitos una sesión de natación casi todos los días me dio alas. Me sirvió para reencontrarme conmigo mismo, poder descansar mentalmente, pensar en otras cosas, conocer a gente nueva y alcanzar un buen estado de forma. Y tras varios años así, agonizados por numerosos problemas, terminó llegando el día en el que al inicio de un nuevo mes pude decir: todos los pagos están al día y tengo margen para pasar este mes. Fue entonces cuando enfoqué mi cambio de vida. Pude empezar a disfrutar de viajar, de la literatura, de deportes diferentes y de un ocio relajado, pero también me volví a matricular en la universidad para poder llegar a ser profesor. ¿No es acaso la vida una remontada?

11

A veces, la dificultad es individual y hay que levantarse conociendo que te afecta solo a ti mismo. En otras ocasiones, hay un daño colectivo ocasionado por una catástrofe. En la reciente crisis por el coronavirus, el deporte profesional ha sufrido de forma importante. Sigo a deportistas en redes sociales y veía como, por ejemplo, corredores y ciclistas tenían que entrenar en cinta de correr o en rodillo en sus habitaciones; deportistas de equipo se limitaban a sesiones físicas en espacios reducidos, o muchos nadadores han estado varios meses sin tocar el agua de una piscina. La mayoría de competiciones se anularon hasta la siguiente temporada, otros pudieron retomarlas más tarde recomponiendo todo el año de trabajo. Asimismo, los efectos económicos han sido brutales, ya que unos han sido afectados por ERTEs, otros simplemente no han recibido los ingresos que tenían por competir o han visto mermados sus patrocinios. Son problemas, efectivamente, de los que sacarán cabeza, no me cabe duda, ya que si echamos la vista al pasado podemos comprobar que esta crisis no es la peor que ha pasado el deporte español.

Voy a afrontar el tema de forma directa, sin rodeos. La Guerra Civil Española se cobró 540.000 víctimas mortales. Entre ellas, hubo deportistas. De hecho, el conflicto paralizó el deporte español durante tres años, debilitándolo durante muchos más; cambió completamente a las selecciones nacionales, los clubes de las distintas disciplinas e incluso las competiciones. En los años previos, el deporte estaba avanzando en nuestro país, el movimiento olímpico seguía extendiéndose, a España la afición por el *sport* tardó algo más en implantarse, por lo que el palo llegó en plena efervescencia. El conflicto no reparó en nada de esto. Entre los deportistas muertos en combate, destacaron los jugadores de la selección española de fútbol, Galé y Arocha, o la estrella de la selección de baloncesto, subcampeona de Europa, Cayetano Ortega, que fue derribado en la batalla de Belchite siendo piloto republicano. El campeón de Europa de boxeo, Carlos Flix, fue fusilado. La estrella ciclista del momento, Julián Berrendero, estuvo en varios campos de concentración; el jugador del Real Madrid, Patricio Escobal, se libró del fusilamiento en varias ocasiones. Solo cuatro jugadores de la selección española de fútbol -Campana, Gorostiza, Ipiña y Herrerita- volvieron al combinado nacional después del conflicto. Al deporte español le costaría recuperarse tras la guerra.

La Guerra Civil cortó de cuajo el crecimiento de deportes como el fútbol, el boxeo, el ciclismo o el baloncesto, cada vez con más practicantes. A esas alturas, incluso la prensa deportiva ya estaba asentada con medios como *El Mundo Deportivo*. En 1935, Radio Barcelona dedicaba media hora diaria a deportes junto con un especial los lunes por la noche. En aquellos años previos surgieron muchos clubes, fundamentalmente de fútbol, que tuvieron que cesar su actividad por el conflicto. También se habían empezado a habilitar recintos deportivos que fueron destruidos, como sucedió con el estadio Buenavista de Oviedo.

Uno de los deportes que más caro pagó el conflicto fue el baloncesto. En 1935, se disputó en Suiza el primer campeonato llamado Eurobasket, siendo el estreno de la FIBA en cuanto a organización de campeonatos continentales como evento previo a los Juegos Olímpicos de 1936. España se había clasificado tras ganar en un partido previo disputado en Madrid a Portugal, 33-12. El equipo era una mezcla entre jugadores nacidos en España y centroamericanos, consiguiendo un gran rendimiento pese a no contar con mucha altura. En la ronda de clasificación, España le ganó a Bélgica. En semifinales, venció a Checoslovaquia y en la final perdió contra Letonia 24-18.

Uno de los jugadores de aquel equipo, Rafael Ricardo Martín Hassan, fue premiado como el jugador más valioso del torneo, pero solo disputó con España aquellos cuatro partidos. Otro, Cayetano Ortega, falleció durante la Guerra Civil. El equipo de disolvió. España estaba preparando su participación en los Juegos de Berlín y el partido inaugural estaba previsto frente a Estados Unidos, pero no acudió. Al baloncesto español le costaría décadas recuperarse del palo de la guerra. De hecho, hasta 1973, casi 40 años más tarde, España no volvió a conseguir una medalla europea. Recientemente, hemos visto ganar dos mundiales, a jugadores españoles triunfar en la NBA y llegar a finales olímpicas. Son los herederos de aquellos jugadores a los que el conflicto desmembró, exponentes de un deporte descabezado. Sí, porque tras la guerra, como espectáculos multitudinarios que eran, debido a la necesidad de todo gobierno de dar al pueblo su «pan y circo», el fútbol o el boxeo no tardaron en recomponerse, pero a otros deportes les costó décadas, y uno de ellos fue el baloncesto. Por lo tanto, si hoy en día conocemos a los Gasol, también merecen un rincón de fama los Martín Hassan o Cayetano Ortega. Hay remontadas que cuestan más que otras y la del baloncesto español costó cerca de medio siglo.

En fútbol, la historia fue distinta, aunque no menos dolorosa. Además, hubo futbolistas de ambos bandos que no dejaron de jugar entre batalla y batalla. El 19 de abril de 1936, se disputó la última jornada de liga previa a la guerra. Isidro Lángara, jugador del Oviedo, le marcó cuatro goles al Valencia y después sería uno de los futbolistas que participara en la guerra como le ocurrió a su compañero de equipo, Quico Florenza. El madridista, Gonzalo Díaz Galé, perdió la vida. También el jugador del atlético, Miguel Durán 'Pololo', o el valencianista Enrique Molina. La mayoría de futbolistas perdieron a familiares muy cercanos. El presidente del Barcelona, Josep Sunyol, fue fusilado en los primeros días de la guerra, ya que además era diputado de Ezquerra Republicana de Cataluña. También perdió el Real Madrid a su presidente durante la Guerra: Antonio Ortega, ejecutado en 1939 por comunista. Asimismo, el jugador del Real Madrid, Monchín Triana, fue fusilado por el bando republicano en las sacas de Paracuellos del Jarama.

Durante el conflicto, se disputaron partidos de forma intermitente. Lo hicieron, por un lado, en acciones que convirtieron el fútbol en instrumento político, como un partido entre el FC Barcelona y el Español en Montjuic el 13 de septiembre de 1936 o encuentros de las selecciones de Cataluña y Euskadi. También hubo torneos por bandos. En 1937, se disputó una Liga Mediterránea Cataluña-Levante de fútbol que ganó el FC Barcelona por delante del Español y del Gerona. La selección del bando franquista disputó dos partidos frente a Portugal que terminaron con derrota, según cuenta Julián García Candau. En 1939, se jugó la Copa del

Generalísimo sin equipos de Cataluña, Madrid, Valencia, Castilla-La Mancha o Murcia, que pertenecieron a zona republicana hasta los momentos finales de la guerra. Se quedaron fuera equipos como el Real Madrid, Barcelona, Atlético de Madrid, Español o Valencia. El Sevilla le ganó 6-2 en la final al Racing de Ferrol. En 1937, se había disputado en zona republicana la Copa de la España Libre, que ganó el Levante, pero nunca se llegó a considerar dentro del palmarés de los torneos de Copa, ni incluso después de que en 2008 lo pidiera el Congreso de los Diputados. La liga volvería en la temporada 39-40 con victoria del Atlético Aviación. Como curiosidad, la Federación Española de Fútbol llegó a poner un tope salarial de 600 pesetas mensuales, ya que un coronel ganaba 800 y «no era de recibo ganar más».

Pero el conflicto hizo que muchos jugadores relevantes no pudieran jugar en España. Algunos de los jugadores del Barcelona y de Euskadi que realizaron giras por América, se quedaron allí, como Ricardo Zamora o Luis Regueiro. Como los escritores de izquierdas, los futbolistas también sufrieron su exilio tras la guerra civil.

Si bien el boxeo no llegaba a las cotas de popularidad y de éxitos de los años 60 y 70, el pugilismo en España estaba a un gran nivel en los años 30. Antes de la Guerra Civil, nuestro país tuvo varios campeones de Europa y el 1 de junio de 1935, Baltasar Belenguer Hervás *Sangchili* se proclamó campeón del mundo en un combate en la Plaza de Toros de Valencia frente a Panamá Al Brown. Uno de los campeones de Europa, Carlos Flix, fue fusilado en el Campo de la Bota (Barcelona) el 2 de marzo de 1939 por ser un «famoso torturador». También lo fue, en 1938, el villarrealense Antonio Mata Guinot, con su cuerpo terminando en una fosa común de Castellón, irrecuperable al ser vaciada para levantar nuevas tumbas. Tras la Guerra Civil, el boxeo español no tardó en tener nuevas figuras y volvieron los grandes combates en la década de los 40. Fue uno de los deportes más impulsados por el régimen y no le faltaron campeones. Luis Romero Pérez ganó el título europeo en 1949, mucho antes de que otros deportes pudieran recuperar su nivel previo.

12

Nuevamente me detendré algo más en el ciclismo porque creo que hay una figura de los años de la Guerra Civil que, sin duda, puede servir de inspiración. En el Tour de Francia de 1936, el español Julián Berrendero ganó la clasificación de la montaña. Otro español, Federico Ezquerra, se impuso en la undécima etapa entre Niza y Cannes, la del 19 de julio, un día después de estallar la guerra. El español mejor clasificado de la general fue Mariano Cañardo, a 1 hora y 3 minutos del ganador, el belga, Sylvere Maes. Los ciclistas intentaron resistir. En el año 1937, la selección española, luciendo la bandera de la república, mantuvo su participación. Cañardo y Berrendero ganaron etapa, sin ningún español entre los diez primeros puestos, pero también estuvo Ezquerra. De hecho, los tres se habían quedado en Francia tras el Tour del 36.

Berrendero, conocido como *el negro de los ojos azules*, había dado una auténtica exhibición en la decimoquinta etapa del Tour de 1937 entre Luchon y Pau, la que también ganará Pedro Torres muchos años después. Aquel año se subieron los puertos del Peyresourde, Aspin, Tourmalet y Aubisque. Berrendero los conocía a la perfección, ya que estaba viviendo cerca de Pau. Consiguió ganar con 2 minutos de ventaja sobre sus rivales. Sin embargo, tras la Carrera, volvió a España porque echaba de menos a su familia. Al cruzar la frontera de Irún, fue detenido y condenado, pasando 18 meses en campos de concentración. Estuvo en Espinosa de los Monteros (Burgos), Rota (Cádiz) y Madrid.

Inspirados en los campos de concentración nazi, funcionarios de la Gestapo organizaron los campos de concentración franquistas que llegaron a albergar cerca de 500.000 reclusos tras la contienda.

Además de ejercer trabajos forzados en condiciones de esclavitud, los prisioneros fueron sometidos a técnicas de lavado de cerebro con el fin de lograr la progresiva deshumanización de los cautivos. Berrendero, donde más tiempo estuvo fue en el campo de concentración de Rota, que acogió a unos 9.000 prisioneros en unas instalaciones junto a la playa. Los presos fueron utilizados para realizar trabajos de pavimentación urbana de la localidad.

Por mucho intento de lavado de cerebro o de trabajos forzados sin relación con dar pedales, Berrendero no olvidó quién era y no olvidó, sobre todo, su pasión y profesión: el ciclismo. Retomaría la bicicleta tras su liberación, ganando la Vuelta a España en el 41 y en el 42. Precisamente, su amistad con José Llona, un antiguo ciclista que era capitán del ejército, ayudó a la liberación.

También estuvo en un campo de concentración, el de Miranda de Ebro (Burgos), el jugador de fútbol, Marcial Arbiza. Tras jugar en Francia, fue detenido, aunque mientras estaba recluido pudieron tramitarle su fichaje por el Alavés, equipo con el que marcó 58 goles en solo 17 partidos. Como el país requería de líderes deportivos así, terminó fichando por el Real Madrid.

La Guerra Civil cogió en sus albores a la Vuelta Ciclista a España, que disputó su primera edición en 1935 y la segunda en 1936. Al disputarse en mayo, el conflicto no le afectó. Tomaron la salida 53 corredores, 44 de ellos españoles, aunque al ganador fue belga, Gustaaf Deloor. Su gran rival, Mariano Cañardo, se cayó en la primera etapa. El madrileño Vicente Carretero ganó cinco etapas, siendo otro de los grandes ciclistas españoles a los que el conflicto cortaría su progresión.

La vuelta frenó en seco su trayectoria tras aquellas dos primeras ediciones a consecuencia de la guerra. Se retomó en 1941 con solo 32 corredores, 28 españoles y cuatro suizos. El recorrido se dividió en 22 etapas con 4.406 kilómetros en total. No había equipos oficiales y los corredores se adscribieron a clubes de fútbol, el FC Barcelona y el RCD Español. Berrendero iba con el RCD Español, ganando con una media de 26,1 kilómetros por hora. Quedó por delante de Fermín Trueba y José Jabardo. Aquel año, el maillot de líder fue de color blanco. Esta vuelta tiene varios récords, la de la etapa más lenta de la historia, la de menor participación y, además, tuvo lugar la primera contrarreloj de la ronda, la cual ganó Delio Rodríguez.

Berrendero continuó corriendo hasta 1948. Disputando la

Vuelta a España, tuvo que retirarse por la triste noticia del fallecimiento de su padre. En 1951, fundó en Madrid una tienda de bicicletas falleciendo a los 83 años. «Tiene el más bello estilo de todos los escaladores viéndole trepar y mejor sube cuanto más dura es la pendiente», dijo de él un periodista francés. En las imágenes que se conservan de Berrendero, lo curioso es que tanto antes como después de la Guerra Civil, muestra una sonrisa de apariencia sincera. Viéndolas, damos fe de que aquel apodo del negro de los ojos azules le venía como anillo al dedo y, sin duda, es verdad que los ciclistas están hechos de otra pasta.

13

La vida puede cambiar en muy poco tiempo. España fue uno de los países que boicoteó los Juegos Olímpicos de 1936, los del Tercer Reich. Frente a ellos, impulsó la celebración de una olimpiada popular en Barcelona que tenía prevista su apertura el 19 de julio con 5.000 atletas, pero en España la vida cambió por completo aquel 17 de julio. Con el inicio de la guerra civil y el alzamiento en armas de la propia ciudad de Barcelona en la madrugada de la inauguración, los eventos deportivos no pudieron celebrarse. Algunos de aquellos deportistas, como los del Clarion Cycling Club británico (de nuevo ciclistas) participarían en la guerra a través de las brigadas internacionales.

España sí llevó equipo a la olimpiada obrera de Amberes (Bélgica) en julio de 1937. Participó un combinado de atletas y jugadores en fútbol, atletismo, tenis, baloncesto, boxeo, lucha, ciclismo, natación y waterpolo. A su retorno de Bélgica, el equipo de fútbol también participó en un torneo de la Federación Deportiva y Gimnástica del Trabajo, llegando a la final donde fue derrotado ante la URSS.

En cuanto a los Juegos Olímpicos, como en 1940 y 1944 no se disputaron por la Segunda Guerra Mundial, España no contabilizaría más ausencias, ya que sí tuvo a 64 representantes en nueve deportes en Londres 1948.

El régimen franquista impuso una reordenación social que también recayó sobre el deporte, pasando todas las prácticas por el filtro gubernamental. Incluso el Comité Olímpico Español tuvo que mantenerse en la clandestinidad al principio, ya que debía ser independiente y esa independencia no era permitida por el gobierno franquista. Surgieron las organizaciones del Frente de Juventudes para los chicos y la Sección Femenina para las chicas. Desde ellas se impulsaron actividades deportivas, pero se hizo de manera muy selectiva.

Casi como siempre, la más perjudicada fue la mujer. En un principio, el deporte femenino fue visto con sospecha desde el régimen. Se permitió, pero con límites, pudiendo las mujeres practicar baloncesto, tenis, natación, gimnasia, esquí y bailes regionales con «vestimenta moral». Hubo una deportista, María Torremadé, que destacó por sus marcas en atletismo en la posguerra. Sospecharon de ella que era un hombre y, efectivamente, tenía síndrome de Morris o condición de intersexual, lo que finalmente le hizo pasar por el quirófano y cambiar sus datos en el registro para ser Jordi Torremadé. Debido a este caso, la Sección Femenina prohibió el atletismo femenino durante más de 20 años.

Yo lo tengo muy claro. El deporte femenino y, en general, la vida femenina, han tenido que cargar más que nadie el peso de la historia, la acción de los dictadores. La mujer es la más perjudicada en situaciones de crisis y todavía está soportando el vacío de muchas décadas de desigualdad.

Demos un salto en el tiempo. A las 21:53 del 12 de enero de 2010, los españoles, siendo invierno y martes, probablemente estuviésemos en casa, cenando o viendo la televisión. En Haití eran las 16:52 y el mundo tembló y se abrió mediante uno de los terremotos más grandes de la historia. La naturaleza se cebó con el que era el país más pobre de América en ese momento. Se calculó que hubo más de 200.000 muertos. La isla todavía no se ha recuperado, pero los problemas comenzaron mucho antes del terremoto. En 2006, Haití tenía graves conflictos entre su propia población con una fuerte escalada de violencia que obligó a una actuación internacional en el país. En ese contexto, un suboficial de la fuerza aérea de Chile luchaba por adoptar a una niña haitiana que estaba en un orfanato en condiciones bastante precarias. Su nombre era Berdine.

Sin estar todavía afectado por el terremoto, Puerto Príncipe rezumaba pobreza por sus calles. Entre hogueras de basura y furgones de gente armada, deambulaban numerosas niños. En pijama y con rastas, se movía Berdine. En el orfanato, vivían 54 niños en 5 habitaciones. No todos los días había para comer, muchas veces solo podían dedicarse a masticar caña de azúcar, de ahí las miradas tristes que se podían apreciar en un reportaje que hizo aquel año una televisión chilena.

Casi una década después, Berdine entrena en una pista de atletismo. Se ha convertido en una mujer. Lleva pendientes, el pelo arreglado, chándal de marca y está fuerte. Fue finalmente adoptada por una familia chilena, la del suboficial, y esta vez sonríe ante el periodista que le pregunta si lo conoce, fue el mismo que realizó su reportaje en los años de miseria en Puerto Príncipe.

Muchos de aquellos soldados que acudieron al socorro de Haití colaboraron con el orfanato donde estaba Berdine. Apadrinaron a los niños y trabajaron para mejorar el edificio y conseguir comida. Fue el suboficial Marío Castillo quien quiso ir más allá. Comenzó a tramitar la adopción de Berdine, cuya madre biológica aparecía solo de vez en cuando por el orfanato para verla. Mario Castillo regresó a Chile sin la niña, pero en la distancia siguió avanzando en los trámites. Nueve meses después, Berdine llegó a Chile para besar y abrazar a Mario y conocer a su mamá adoptiva y a sus hermanas. La vida cambiaba para Berdine, que pese a la comodidad de su nueva vida, siguió escondiendo la comida como hacía en el orfanato. Todo mejoró, aunque el origen haitiano de la niña seguiría golpeándola. Su madre biológica contactaría de vez en cuando con la familia del suboficial, hasta que a partir del terremoto, dejaron de tener noticias desconociendo su paradero.

Pero aquella niña cuando llegó a Chile, descubrió que tenía una condición física privilegiada. Cuando sus hermanas circulaban en bicicleta, ella era capaz de ir a su mismo ritmo corriendo. Ganaba fácilmente cualquier carrera que se organizaba en la calle y fue como decidió entrar en el Club Atlético Estudiantes del que hoy Berdine es la líder. En 2018, fue campeona nacional de 800 metros, prueba en la que ha terminado acomodándose. Quiere seguir mejorando, incluso no descarta buscar la clasificación para los Juegos Olímpicos, pero sabe del sacrificio necesario como indica a un periódico chileno: «En un fin de semana un amigo me dice que salgamos, pero yo tengo que rechazar porque tengo competencias y entrenamientos». Ha seguido progresando y en 2019, además de ser campeona en 800, también lo fue en 400. Ambas medallas llegaron en adultos, en juveniles también había ganado previamente. Esto le hizo ser elegida mejor atleta sub-20 del año.

Mirando las clasificaciones del campeonato nacional de 2020 se puede ver que la progresión sigue. Ganó los 800 metros con 2 minutos y 15 segundos obteniendo cuatro segundos de ventaja sobre la segunda clasificada. En España, esa marca le valdría para estar entre las mejores de su edad, aunque todavía le quedaría para obtener la clasificación olímpica, ya que la marca está fijada en 1:59. No obstante, Berdine sigue trabajando duro, esforzándose y ya no necesita guardar la comida, tiene una familia y compañeros que la apoyan llevándola en volandas en cada carrera. Cuando suena el disparo de salida sabe que su infancia de pobreza quedó definitivamente atrás, cualquier meta ahora es un regalo. Estos también son los milagros del deporte.

14

Si pensamos en una mujer deportista que haya destacado en toda la historia y, en especial, en los Juegos Olímpicos, nos viene a la mente Nadia Comaneci. ¿Se imaginan el nivel de perfección y todo el esfuerzo que conlleva un 10 en gimnasia? Pues ella fue la primera mujer que obtuvo un diez en una competición olímpica de gimnasia artística. Fue el 18 de julio de 1976 en Montreal. Era muy difícil creer cómo una niña de catorce años podía hacer aquellos grandes giros en las barras, era todo un portento de fuerza, junto a una ejecución técnica perfecta. Tras la rutina, el tablero de puntuación mostró un 1.00. Ni siquiera el marcador estaba preparado para mostrar un 10, la puntuación más alta que podía registrar era un 9.95, pero el jurado informó de que aquel 1 correspondía a un 10, la primera calificación perfecta de la historia en la gimnasia femenina. Comaneci ganó nueve medallas olímpicas, cinco de ellas de oro. Todo parecía rodarle perfecto, pero en su país, Rumanía, buscarían aprovechar su gloria con fines que no eran los deportivos.

Tras retornar de Montreal a Rumanía, el gobierno de Nicolae Ceausescu la agasajó con una casa, un coche y un sueldo del Estado, entre otros honores. La gimnasta siguió entrenando y acumuló más éxitos en Moscú 1980, dos oros y dos platas que anticiparon el final de su carrera, que llegó en 1981. Nadia había sido una privilegiada hasta el momento, pero todos aquellos mimos gubernamentales suponían también un estricto control. Se convirtió en la imagen del régimen comunista, tanto que ella no podía controlar sus movimientos. Era una deportista ganadora, pero una persona sin libertad. Sus entrenadores, Béla y Márta Karolyi, desertaron durante una gira por Estados Unidos y no regresaron a su país. Nadia sí lo hizo y aquello incrementó aún más su vigilancia. Fue miembro de la Federación Rumana de Gimnasia y entrenó a los gimnastas de su país, pero no lo hacía libremente.

Para deshacerse del control de su gobierno, decidió huir. Lo hizo en 1989 buscando nuevos sueños. Fue en una noche de otoño en la que junto a cinco desconocidos cruzó un bosque para llegar a Hungría. De ahí, a Austria y Estados Unidos para comenzar una nueva vida: «Quería formar parte de este deporte, estar involucrada en el movimiento olímpico. Quería ayudar y tomar mis propias decisiones, por eso me fui. Quería ser libre», relataba en una entrevista a ABC.

¿Se imaginan a una de las deportistas más importantes de todos los tiempos cruzando un bosque bajo el frío de la noche para irse de su país? Pues ocurrió. Hizo de Estados Unidos su nueva patria. Allí se casó con el exgimnasta Bart Conner, con quien fundó una academia de gimnasia artística y forma parte de asociaciones para mejorar la vida de niños, también de la Fundación Laureus. Ha sido muy crítica y batalladora con las formas de trabajo y abusos en el deporte de la gimnasia. También ha sido comentarista de gimnasia para la cadena Televisa de México, sigue dándolo todo por su deporte, sobrevivió a su pasado, lleno de gloria, lleno de miseria.

Sea lo que sea hoy en día, en la retina colectiva cuando se menciona el nombre de Nadia Comaneci, sigue quedando aquella imagen de una niña de 14 años y solo 30 kilos de peso que con un maillot blanco y el pelo recogido con un lazo, daba saltos en todos los sentidos y clavaba las salidas de aparato. Era una niña cuya mirada desprendía madurez, casi tanta como los innovadores ejercicios que le hicieron pasar a la historia.

15

Comaneci fue reclutada para la gimnasia con apenas seis años. Cuando tenía dos años más, es decir, ocho, una niña española llamada María fue engañada por su madre y su tía, pero fue una mentira que agradecerá toda su vida. «Me dijeron que iba al cine y me llevaron a la pista de atletismo con mi primo», me explicaba aquella niña que hoy es una de las atletas españolas más prometedoras, María Vicente. En ocasiones, esa oportunidad, que hace que importantes deportistas lleguen a serlo, es impulsada por la familia. María no empezó a competir en atletismo hasta los trece años, pero destacó desde el principio. Lo que son las cosas. Cuando María era más pequeña, creía que el atletismo solo era correr, pero cuando descubrió de verdad este deporte y conoció su variedad de pruebas, quedó enganchada al mismo. Tanto, que hace pruebas combinadas, siendo campeona mundial sub-18, campeona de Europa sub-18 y sub-20 y contando con las mejores marcas mundiales sub-18 de heptatlón y pentatlón. Pese a su juventud, cuando escribo estas líneas tiene 19 años, tiene ya el récord de España de ambas disciplinas. En febrero de 2019, compitió en mi ciudad en el Campeonato de España de pista cubierta donde batió sus mejores marcas y se convirtió en uno de los grandes atractivos de la competición, despertando las mayores atenciones del público, pero manteniendo una gran humildad. Puede que el aplazamiento de los Juegos Olímpicos a 2021 le venga bien, ya que la temporada invernal de 2020 no estaba marchándole bien por molestias físicas. De confirmarse, podríamos tener atleta para rato, una atleta que comenzó con aquella mentira piadosa de su familia.

En mi caso, mi familia nunca ha sido impedimento para la

práctica deportiva. De hecho, fueron ellos quienes me apuntaron por primera vez a natación por recomendación médica debido a un problema de espalda. Pero aparte de ello, la falta de cultura deportiva de mis padres siempre hizo que para ellos cualquier desplazamiento para ir a nadar fuese una molestia o un riesgo. También a ellos les tocó vivir mis peores momentos como deportista, aquellos de los inicios. De hecho, siguen sin comprender bien aquello de participar en una prueba sin tener posibilidades de ganar, hacer un esfuerzo por el simple hecho de disfrutar. Cuando solo era un benjamín en el equipo de fútbol sala del colegio, mi madre vino a ver un único partido y me lo pasé entero en el banquillo, como siempre. En mis primeros entrenamientos con el equipo de natación, veían cómo siempre quedaba rezagado respecto a los demás. No entendían que nadando así quisiera competir. Pero lo hice, me quedé el último y ellos lo vieron. No lo entendían. De hecho, pocas personas me comprendían, pero yo seguí insistiendo. Unos años más tarde, mi madre pudo ver cómo en aquella piscina donde siempre quedaba el último, gané una prueba. También me han visto cruzar la meta de alguna carrera a pie y les he enseñado vídeos y fotografías de pruebas de natación en aguas abiertas donde he subido al podio. Cuando lo hacía, sé que seguían sin entender el sacrificio, el esfuerzo de horas de entrenamiento y meterse a nadar en aguas desconocidas a baja temperatura. Y muchas veces me lo han dicho, pero nunca lo han impedido. A veces no está mal que alguien te ofrezca una visión discrepante para mantenerte alerta. Pero más allá de todo eso, la casualidad que hizo que me encontrara con un deporte como la natación fue una visita al traumatólogo que me diagnosticó escoliosis. «Natación durante todo el verano», me recetó. Y así comenzó todo, fue mi pequeño engaño.

16

Cuando un deportista compite, el espectador desconoce sus sentimientos o si tiene problemas personales. De hecho, el aficionado solo piensa en lo que sucede sobre la pista. Lo mismo ocurre en un concierto, una obra de teatro o una película, la audiencia solo busca distracción y olvidarse de lo demás. En los Juegos Olímpicos de 1992, la selección croata de baloncesto sabía que tenía mucho en juego. La actuación colectiva sería importante, llegar lo más lejos posible en el torneo, pero con su país desmadejándose, en mitad de una cruel guerra, los jugadores de aquel equipazo sabían que habría observadores encima de ellos que, de hacerlo bien individualmente, podrían alejarlos de todo el dolor que arrancó un año antes. Aquel equipo habría sido el favorito para el oro olímpico salvo por una novedad importante. La FIBA admitió por primera vez a jugadores estadounidenses profesionales de la NBA y eso llevó a Barcelona al mejor equipo de baloncesto de todos los tiempos, el *dream team* de Michael Jordan, Magic Johnson, Larry Bird, Patrick Ewing, Charles Barkley… Para colmo, Croacia se vio en la fase previa en el mismo grupo que Estados Unidos. ¿El resultado? 103-70 para los estadounidenses con la estrella croata, Tony Kukoc, desaparecida. Sin embargo, aquel grupo de jugadores necesitaba rehacerse, estaba compuesto por gentes que sabían que una derrota en un partido era simplemente eso, una derrota; habían perdido mucho más en la guerra, muchos de ellos incluso su propia casa o a miembros de su familia. El equipo se levantó. Dejó en ridículo en cuartos de final a Australia, pero en semifinales, ante el Equipo Unificado compuesto por los territorios de la antigua Unión Soviética, otra vez se complicó todo. Junto a Lituania, eran los rivales por las medallas, la de plata y la de bronce, ya que el oro no tenía rival. Al descanso, Croacia estaba diez puntos abajo. A falta de cinco minutos para el final, la desventaja era de ocho puntos, de cinco a falta de 40 segundos; pero el equipo apretó en defensa y con dos tiros libres anotados por Petrovic a falta de 18 segundos para el final, Croacia terminó ganando 75-74 y se clasificó para la final. Muchos de aquellos jugadores volvían a hacerlo, ya que en 1991, jugando en las filas de Yugoslavia, habían sido campeones del mundo. Sin embargo, en un año su mundo había cambiado, aunque aquello no impidió sacar su mejor baloncesto, puede que incluso la dificultad sirviera como motivación.

En la final, Estados Unidos ganó 117-85, aunque el partido fue más igualado que el anterior y solo al final se estiró la diferencia. Petrovic anotó 24 puntos y Kukoc, 16. Petrovic estaba ya en la NBA, pero aquella temporada había dado un salto de calidad pasando de Portland a New Jersey. En cambio, Kukoc, que dos años antes había sido elegido en el draft de la NBA por los Chicago Bulls, seguiría jugando un año más en Europa, en la Benetton de Treviso. Su participación olímpica no terminó de convencer, aunque en el 93 sería llamado por Chicago para terminar conformando el equipo de la segunda era de Michael Jordan con el que ganaría tres anillos de campeones de la NBA; Jordan jamás olvidaría como aquel jugador de una nación en guerra había pasado de una nefasta actuación en la fase previa, a mostrarse portentoso en la final. Kukoc ya había ganado anteriormente tres copas de Europa, por lo que este alero, capaz de jugar en casi todas las posiciones del campo, terminó siendo el único con tres campeonatos a ambos lados del Atlántico. Lo que son las cosas, justo en el verano en el que Kukoc daría el salto a la NBA, su compatriota Petrovic fallecía en Alemania en accidente de tráfico. La guerra en Croacia no terminó de forma definitiva hasta agosto de 2005.

En Barcelona 92, Croacia estuvo representada por 39 deportistas de 11 disciplinas que obtuvieron tres medallas, ninguna de oro. En Río de Janeiro 2016, Croacia tuvo a 89 deportistas en 18 disciplinas con 17 medallas, cinco de oro; parece que su deporte se ha podido recomponer.

Muchos días en los que me ponía frente al micrófono de la radio, mi estado de ánimo estaba por los suelos. Alguna vez me ocurrió algo similar en la presentación de algún evento. También, cuando estaba en la salida de alguna de competición de natación, tuve sensaciones similares. Eran momentos en los que las deudas me asfixiaban, con tanto trabajo que posiblemente no pudiera dormir aquella noche, o días a los que no encontraba salida a mi situación. Me pongo en la piel de aquellos deportistas de la Croacia del 92 y no hay color, ni mucho menos, pero quizás, lo que viví durante un tiempo me puede ayudar a entenderlos. Una vez, un veterano locutor me dijo que ante el micrófono uno tiene que desquitarse de todo lo que le ocurre a nivel personal, que el oyente nunca debe notar nada que no sea ofrecerle toda tu profesionalidad. Hay momentos en los que uno debe dejar los problemas a un lado y centrarse en lo que tienes entre las manos. Da igual si es un partido de baloncesto, una carrera de natación, un programa de radio, un rodaje, una obra o estás atendiendo a un cliente. Mostrar una actitud negativa en esas situaciones solo empeorará las cosas. Es mostrando tu profesionalidad como harás que las cosas mejoren, debemos evitar que nos vean como unos amargados. Creo que, sobre todo en mis principios en antena, no fui lo suficientemente profesional y aquellos altibajos se notaban más. Sin embargo, creo que terminé entendiendo y asimilando aquella lección. Hoy, cuando voy a dar clases al instituto, ocurre en ocasiones lo mismo. A veces, uno tiene días mejores que otros, pero mi obligación es dar lo mejor en cada clase, ya que el alumnado que está frente a mí no merece una versión inferior. Yo tampoco me lo perdonaría si pasado el tiempo me doy cuenta de que no he rendido al máximo. Además, no hay nada mejor para superar un mal día que dar una patada a los problemas en forma de profesionalidad.

17

LA IMPORTANCIA DE INVERTIR EN DEPORTE

Creo que he visto más imágenes de aquella selección norteamericana del 92 en reportajes posteriores o en búsquedas por internet que durante la propia celebración de unos juegos que seguí muy de cerca. Sin embargo, con once años, estaba centrado en los deportistas de mi país, intentando empujarlos desde el salón de mi casa a través de la televisión, más que en las estrellas internacionales. Y, sobre todo, cuando se sabía que Estados Unidos ganaba siempre de paliza. Mi primer recuerdo de Barcelona 92 empieza, precisamente, por el principio, la ceremonia de inauguración. Creo que ya quería ser periodista deportivo por aquella época, pero la retransmisión a cargo de Matías Prats y Olga Viza en Televisión Española me resultó tan entretenida y apasionante que a partir de entonces ya no me quedaron dudas. Lo mejor de la ceremonia y que todavía me sigue emocionando cuando lo recuerdo, lo relataba la propia locutora en una entrevista con motivo del vigesimoquinto aniversario de los juegos: «Hay tres momentos en concreto, el 'Hola' después de las fanfarrias del inicio y que nos sorprendió a todos. Otra cosa que no envejece y no se ha vuelto a hacer igual es la coreografía del Mediterráneo diseñada por la Fura dels Baus; mira que he tenido que contar cosas difíciles, pero como eso, pocas. La entrada del equipo español al estadio, algo que no imaginas, con el público puesto en pie…». Y por supuesto, cuando el arquero Antonio Rebollo encendió el pebetero con la llama olímpica. Sí, aquella misma que había venido de antorcha en antorcha desde Olimpia. Y tras aquel manantial de emociones, con España demostrando un nivel

65

organizativo espectacular, empezaba el deporte. Ahí quizá estaba el problema para nuestro país, su escaso bagaje de medallas olímpicas. Empecé muy enganchado a la natación, sobre todo pendiente de Martín López Zubero, que estuvo a punto de subir al podio en 100 espalda, donde fue cuarto, y que terminó ganando el oro en los 200 espalda. No lo tuvo fácil. Su mayor rival de siempre, Vladimir Selkov, empezó liderando la prueba a ritmo de récord del mundo, pero el español, con un segundo 100 espectacular, remontó desde el quinto puesto al primero. Aquella medalla me llenó de energía para seguir practicando ese deporte. Sin embargo, el primer oro español en Barcelona 92 había llegado de manos de un ciclista andaluz, José Manuel Moreno Periñán, que ganó la prueba del kilómetro en pista. La vela amplió considerablemente la cosecha de medallas, disfrutamos con todo el torneo de hockey femenino, con la final de tiro con arco por equipos y además llegaron las medallas icónicas, el oro de Daniel Plaza en 20 kilómetros marcha, los de las judokas Almudena Muñoz y Miriam Blasco y, sobre todo y coincidiendo en la misma noche, el triunfo en la final de fútbol masculino con el gol de Kiko y la memorable final de 1.500 ganada por un Fermín Cacho levantando los brazos con gesto de no creérselo al cruzar la línea de meta. Años después coincidí con Fermín como padrino de una prueba deportiva, se había metido en política y no le benefició mucho, pero pese a todo, sigue siendo la imagen más potente de la historia del deporte español en unos Juegos Olímpicos. Nos quedaría para el último día la final masculina de waterpolo. Todo el país festejó cada gol de España ante Italia. Perdimos tras varias prórrogas, pero ya nadie nos quitaba las 22 medallas. Historias durante aquellos días hubo muchas, también grandes deportistas que derribaron barreras como Vitaly Scherbo ganando seis medallas de oro en gimnasia o la etíope Derartu Tulu, que fue la primera atleta negra de África en ganar una medalla olímpica. Ganó en los 10.000 metros. Aquellos 16 días hicieron que los españoles nos levantáramos en muchos momentos de nuestros asientos con deportes que no eran fútbol, aunque también lo hiciéramos con este. Descubrimos además que teníamos olvidados y vilipendiados a muchos grandes deportistas. Y aunque realmente solo fue temporal, desde entonces sacamos cabeza para ser algo más reconocidos. 22 veces subieron los deportistas españoles al podio. En casi un siglo de Juegos Olímpicos solo se habían conseguido 27 medallas; entre Moscú 1980 y Seúl 1988 habían sido 15… el salto de calidad fue notable.

Pero hay que tenerlo claro. Jugar en casa puede que fuese importante, pero lo que realmente impulsó al deporte español para la cita olímpica fue la inyección económica en los años previos. Tras el fiasco de Seúl 88, el gobierno español impulsó el programa ADO para elevar el rendimiento de los deportistas españoles. Se financió con el patrocinio de grandes compañías españolas e hizo que más de 200 deportistas españoles llegaran a los Juegos de 1992 becados y con cierto alivio que les permitiera centrarse en entrenar. La cifra invertida por los patrocinadores hecha pública fue de 3.000 millones de pesetas, de los que 2.000 iban a ser para el deporte. Realmente, fue calderilla de la inversión necesaria para los juegos, que se cifró en 1985 en 237.000 millones de pesetas (2.670 millones de euros de hoy), pero que como ocurre siempre, terminó triplicándose para que, al final, la suma de las inversiones públicas y privadas ligadas directa o indirectamente a los Juegos llegaran a los 956.000 millones de pesetas (unos 10.700 millones de euros). Toda esta inversión pública, junto a otras que se hicieron en otros territorios para aquellos eventos del 92, hicieron que en nuestro país se viviese en un espejismo económico que nos golpeó muy fuerte al año siguiente. España pasó de un 16 a un 24% de desempleo. En otros países, la crisis ya se empezó a notar en 1990, pero en España, el fenómeno deportivo condicionó gran parte de la vida y, muchos españoles que ya en el verano del 92 estaban en paro, saltaron igualmente sobre el sofá cuando Kiko aprovechó dentro del área el rechace a lanzamiento de Luis Enrique en el minuto 90 de partido para marcar el 3-2 definitivo contra Polonia.

En Atlanta 96, España mantuvo un buen nivel y consiguió 17 medallas. Ese número descendió hasta las 11 de Sidney para volver a subir a las 20 de Atenas, que pasaron a ser 19 en Pekín, 18 en Londres y 17 en Río 2016. Es decir, España no solo está estancada, sino que ha ido en retroceso. Tras los juegos de Río de Janeiro, escribí un artículo que se hizo viral y que intentaba frenar el optimismo que parecía haberse asentado en el periodismo deportivo porque después de comenzar mal los juegos, en los últimos días se sumaron bastantes medallas para alcanzar esas 17. Sin embargo, hay que verlo todo en su totalidad para hacer una mejor valoración. España consiguió la segunda mayor cifra de medallas de oro de su historia, pero son veinte menos que Gran Bretaña y diez menos que Alemania. Veía además en la televisión a algún político sacando pecho por el buen rendimiento de los deportistas españoles, los mismos que no habían impedido que muchos de los atletas que estuvieron compitiendo por España vivieran durante cuatro años casi en la indigencia. Sí, porque el deportista español de disciplinas minoritarias, aunque sea olímpico, o tiene otro empleo o es pobre.

El deporte español recibió inversión de cara a los Juegos Olímpicos de Barcelona que se reflejó en un espectacular sexto puesto en el medallero, pero a partir de ahí todo fueron recortes, sobre todo en el último ciclo olímpico con una casi desaparición del plan ADO que ha llevado a la expulsión de la profesionalidad a un gran número de deportistas olímpicos.

El deporte español sigue dependiendo de figuras que se erigen por generación espontánea, hazañas puntuales lógicas en un país grande con una amplia población donde ya solo por impulsos individuales deben salir deportistas muy capacitados y sacrificados. Salvo algunas excepciones como el baloncesto o el piragüismo, las distintas disciplinas deportivas dependen de esas individualidades y faltan planes a largo plazo que logren selecciones compensadas y con una continuidad para el paso de los años y en diferentes pruebas.

El ejemplo a seguir es, sin duda, Gran Bretaña. Después de Londres 2012, los recursos del deporte no descendieron y han sido 400 millones en el ciclo olímpico de Río 2016, 100 millones por año. Podrán pensar que cada una de las 67 medallas le ha salido a los británicos por casi seis millones de euros, sin duda es un debate interesante si la inversión en deporte debe ser una prioridad para un Gobierno, aunque además hay que tener en cuenta otros valores que conlleva esa inversión: el fomento del deporte de base, el trabajo en equipo, deporte y educación, deporte y salud...

El problema es que cuando en España se realizan inversiones en deporte, esa inversión en gran parte se queda por el camino, desde lo que entra, pero no sale de las estructuras jerarquizadas y anquilosadas de las federaciones, a la construcción de instalaciones deportivas que muchas veces son poco necesarias o la mala orientación de esa inversión. ¿Sabían que en mi ciudad construyeron hace una década la grada de la pista de atletismo, pero no la pista de atletismo? Años después, los asientos siguen mirando a un sembrado. Pues así, muchas cosas más. De hecho, creo que lo primero que deberían hacer los responsables gubernamentales del deporte es contar con los propios deportistas y entrenadores, los mejores conocedores del deporte y que ya tienen esa experiencia para abrir camino a los que vienen por detrás. Históricamente y aún en la actualidad, el deporte en España se ha gestionado desde un despacho, con personas que a veces no pisan una instalación deportiva más que para lucirse en una entrega de premios y eso es un error, el deporte necesita gestores, no figurantes.

El tiempo me ha dado la razón. En España gritamos muy rápido aquello de «soy español, a qué quieres que te gane» cuando llega un triunfo en fútbol, de Nadal, en deportes de motor, en ciclismo, de alguna selección… pero pocos se han acordado durante estos cuatro años de la mayoría de aquellos 17 medallistas y de los 306 olímpicos, además de todos aquellos que aspiraban a serlo en 2020, que finalmente será 2021. Y sí, yo creo que el deporte no es solo ganar, lo primero que hay que buscar es disfrutar, pero ¿se puede disfrutar si tienes que estar pensando en cómo llegar a final de mes? Pero pese a todo, ahí está esa armada que, se celebre cuando se celebre, tendrá en la ceremonia inaugural de Tokio uno de los mejores momentos de su vida.

Retomando el hilo de este libro, si he sacado números es para demostrar que uno puede cargarse de motivación, verse arropado por su gente o estar dispuesto a darlo todo ante una carrera o en un partido, pero si un deportista de élite no tiene la seguridad que le permita dedicarse profesionalmente al entrenamiento, tener una regularidad en sus temporadas y el apoyo de un equipo y de técnicos de nivel, será muy difícil que consiga algo. Esto también ocurre en la investigación en ciencia o en el desarrollo tecnológico. El trabajo regular y la dedicación constante es la mejor estrategia de éxito. En deporte y en cualquier ámbito; la motivación puede ser un plus, pero solo como ayuda puntual, nada más.

18

Volvamos a 1992. O vayamos más atrás todavía. Pensemos en el año 1977. Un niño de ocho años llega al pueblo gaditano de Chiclana de la Frontera. Se llama José Manuel y ha vivido hasta entonces en Amsterdan. Sus padres habían emigrado a Holanda hacía años buscando un futuro mejor. De hecho, José Manuel nació allí. Mencionamos de nuevo a una familia de emigrantes, pero es que es un fenómeno repetido en muchas familias españolas de la época. Aquel niño, que casi no hablaba español, descubrió a los 15 años el ciclismo en pista. Poco antes, su padre le dijo que le regalaría una bicicleta si aprobaba el curso. Así empezó todo y no tardó en ir a San Sebastián a una convocatoria con el equipo nacional, en ser subcampeón de Europa del kilómetro contrarreloj y en competir, con 19 años, en Seúl 88, aunque en una prueba diferente y sin buen resultado.

Ante la proximidad de Barcelona 92, la federación contrató a un entrenador soviético: Alexander Nietzigorostev. Aquella inversión lo cambió todo y José Manuel ganó todas las pruebas: Copa del Mundo, Campeonato de Europa, Juegos Mediterráneos… Y llegó la cita de 1992 donde aquel niño, apodado «el ratón», se transformó en José Manuel Moreno Periñán, el hombre que en apenas un minuto se dio a conocer al mundo y puso a un país a sus pies. Con 1 minuto, 3 segundos y 42 centésimas, desarrollando una velocidad media de 56,834 kilómetros por hora, fue medalla de oro y récord olímpico. Sin embargo, esa es la parte bonita. «He sufrido cinco conmociones cerebrales, tres roturas de clavícula, tengo operado el hombro derecho, se me rompieron las dos muñecas. Estoy lleno de clavos. Echo de menos competir, pero el problema es entrenar para poder competir. Las medallas son el reconocimiento al sufrimiento de tantos años, no solo mío sino de mi familia. Son muchos años de sacrificio, sin vida familiar. La más importante es la de Barcelona, es la que me lo ha dado todo», confiesa Moreno en una entrevista a *El Mundo Deportivo*. El propio deportista asegura que tras aquello se encontró con un montón de promesas incumplidas: «Si en vez de ser español, soy americano o australiano, tras la medalla de oro estaríamos hablando de un tratamiento totalmente distinto. Tengo un contrato con una marca que se firmó entonces para ser su imagen cuando dejara de competir. Me puse en contacto con ellos y caso omiso. Cambiaron de presidente y los nuevos gestores no se hicieron cargo. Y como eso, muchas cosas. Cuando estás compitiendo, con 23 o 24 años, solo piensas en ganar y no en el futuro. Tienes que reinventarte porque muchas puertas que estaban abiertas cuando competías, después están cerradas».

José Manuel Moreno Periñán levantó el cuerpo sobre la bicicleta para agitar una bandera de España y otra de Cataluña y dar una vuelta a la pista mostrando su maillot blanco inmaculado y su sonrisa a juego. Mucho le han preguntado después sobre aquel minuto en la pista, pero solo él es consciente del verdadero trabajo que había detrás. Aquel deportista aclamado en la vuelta de honor y que después lo intentó en ciclismo de carretera, es hoy un currante para una cadena de centros deportivos. De vez en cuando, habla con otro campeón olímpico de ciclismo en pista, Joan Llaneras. Ambos se lamentan de que países como Gran Bretaña tienen 245 millones para un ciclo olímpico de cuatro años y en España solo se invierten seis. La diferencia es abismal y confirma que lo del deporte español es, en gran medida, un milagro.

19
ESTRELLAS DESDE OTRO ÁNGULO

Yo, en parte, coincido con eso del milagro del deporte español, pero no termino de compartirlo. Creo que para destacar en alguna disciplina, todo debe partir por una facilidad natural para hacer algo, una carga genética. No obstante, tener la habilidad no garantiza que se vaya a terminar sobresaliendo en esa disciplina, hace falta trabajar y pulir la habilidad. De hecho, hay quien hace que la habilidad termine apareciendo a base de trabajo y más trabajo. Existe un dicho que dice algo así como «el que vale, vale». Yo creo que no se trata simplemente de la valía, sino también de estar en el momento exacto y en el lugar preciso, de encontrar esa casualidad que se convierta en oportunidad y esto es así en el conjunto de la vida.

El deportista con más medallas olímpicas de todos los tiempos, el que batió todos los récords, Michael Phelps, llegó a la natación por una dificultad y una casualidad. De hecho, el agua le daba miedo. Sin embargo, siendo solo un niño tenía problemas en casa a consecuencia de las fuertes discusiones de sus padres, que se terminarían divorciando. Por muy habitual que pueda parecer hoy en día, no deja de ser traumático para un niño. Esa fue la dificultad. La casualidad fue que sus hermanas nadaban. Whitney Phelps destacaba, iba para figura de natación y terminó enganchando a la piscina a aquel niño miedoso que encontró en la piscina la vía de escape para pasar menos tiempo en casa. Whitney sufriría una lesión de espalda que frenaría su trayectoria. En cambio, Michael se convirtió en el mejor nadador mundial de todos los tiempos.

No voy a recordar de nuevo todo lo que ha ganado Michael Phelps. En resumen, son 28 medallas olímpicas con 23 de oro y aquella hazaña de ocho medallas de oro en Pekín 2008 superando el récord de Mark Spitz. Lo que está claro es que en el nadador, la materia prima es importante. Yo a veces lo he visto. Nadadores que sin entrenar han bajado de 30 segundos en 50 metros libres, gente con esa chispa, esa forma de moverse en el agua en el ADN. Y Michael Phelps lo era, destacó desde que comenzó con siete años. Con once ya estaría a cargo de su entrenador, mentor y amigo, Bow Bowman y fue el único nadador estadounidense que pasó directamente de aficionado a professional. De hecho, dejó los estudios para centrarse en nadar y no pasó por la universidad ni por los campeonatos universitarios. Aquello de «el que vale, vale», se cumplía totalmente con Michael Phelps. Pero una cosa es tirarse al agua para un campeonato local y otra cosa es llegar a la cima del olimpismo. Para destacar de esa forma, a toda la materia prima hay que sumar esfuerzo, esfuerzo, esfuerzo y constancia. Michael Phelps podía llegar a acumular 75 sesiones de entrenamiento en 24 días, se decía que tenía que consumir 7.000 calorías diarias para aguantar el esfuerzo. Con ese trabajo, se forjó el mito. Con 15 años se clasificó para Sidney donde fue quinto en 200 mariposa. Un año después, batió su primer récord del mundo. Esta precocidad no suele ser habitual en nadadores hombres. A él ya nada lo frenaría. O sí. Aunque después el nadador ha dicho que en Atenas 2004 lo que buscaba era ganar oros para su país; un nombre, el de Mark Spitz y sus siete oros de Munich 1972, flotaban en el ambiente. Phelps se quedó en seis medallas de oro y dos bronces. Personas cercanas al nadador reconocieron que aquello supuso una fuerte decepción para el tiburón de Baltimore, que pasó unos días duros. Sin embargo, le hizo crecer más todavía. Phelps supo que para superar a Spitz tendría que mejorar en las pruebas del estilo libre (100, 200 y 400 metros). En el Mundial de Montreal 2005, renunció a algunas de sus pruebas fetiche para centrarse en las de crol. No rindió a gran nivel en 100 y 400 libres, pero ganó el oro en 200 y en relevos de 4x100 y 4x200 libres. Otro de los problemas si quería ganar ocho oros en unas únicas olimpiadas es que tenía que hacer frente a numerosas pruebas en poco tiempo entre preliminares, semifinales y finales, lo que requería más trabajo aún en torno a la recuperación tras las carreras. Pero lo hizo y no solo ganó él, también los Juegos Olímpicos de Pekín y las televisiones de todo el mundo. El horario de las finales de natación quedó fijado para la hora del *prime time* estadounidense y otros hacíamos encaje de bolillos para seguirlo en otros países. La natación cobró un protagonismo inusitado y Phelps terminó haciéndolo, aunque no sin polémica, ya que hubo un serbio, Milorad Cavic, que estuvo a punto de arrebatarle el primer puesto en 100 mariposa. De hecho, la *photo finish* sigue sin estar del todo clara, aunque el cronometraje le dio una centésima menos a Phelps. Pero con aquel oro, más el del relevo en 4x100 estilos del día siguiente, Phelps sumó sus ocho oros en unos mismos Juegos Olímpicos, además de generar ingresos para tener un resto de vida plácido.

Pero con personalidades tan ambiciosas como la de Phelps, nunca se sabe lo que ocurrirá en el futuro. ¿Qué hacer después de alcanzar la cima? ¿A qué aspirar ya cuando sabes que ya no queda nada por superar? Al menos, lo que se espera es mantener la compostura para no afectar al mito generado. Sin embargo, ese mito sufrió a comienzos de 2009 un primer revés cuando fue suspendido por consumo de marihuana. Además, no dio margen a la duda, lo pillaron con foto incluida en una fiesta. La federación decidió suspenderle durante tres meses y perdió algún patrocinio. Quizá aquello le sirvió para comprender que era mucho más que un deportista y tenía que dar ejemplo, él aceptó: «Michael ha aceptado voluntariamente la amonestación y se ha comprometido a intentar volver a ganarse nuestra confianza», afirmaba la nota de prensa de la federación estadounidense de natación. Y volvió a ganarse la confianza del mundo. En Londres 2012, volvió a ser el mejor ganando cuatro medallas de oro y dos de plata. Tras aquellos juegos, anunció su retirada.

El problema tras Londres, el problema sin tener que ir a la piscina a diario a entrenar horas y horas para una persona que no había hecho otra cosa más que nadar desde los siete años, fue que el mundo se quedó vacío. Y los problemas comenzaron a llegar. Phelps comenzó a beber y a juntarse con personas tóxicas. Incluso en 2014, fue arrestado en Baltimore conduciendo ebrio. El alcohol y otras sustancias parecían ser su forma de escape.

Phelps incluso estuvo a punto de ir más allá, en 2018 reconoció que llegó a pensar en el suicidio. «No quería nadar más, ni siquiera quería vivir más (...) Entonces pensamos en el suicidio», explicó Phelps. Tras los juegos de Londres, llegó a estar días en su habitación sin comer, sin apenas dormir, sin ganas de vivir. De hecho, también reconoció que después de cada Olimpiada, sufría períodos de depresión y eso se amplificó después de la que debía ser su última cita olímpica, dando muestra de todo el estrés y toda la carga que supone para un animal mediático como él.

Pero el propio Phelps tenía la solución a todo aquello, la misma que le había acompañado durante tanto tiempo. Estaba en la piscina, era seguir nadando. Y volvió. Una mayoría no daba un duro por él, lógico teniendo en cuenta lo que supone un tiempo de inactividad en un nadador. Pero ante un monstruo de la naturaleza y del trabajo de su nivel, se puede esperar cualquier cosa. Al principio, cuando ganó el primer oro en relevos, se pudo atribuir a la fortaleza de su equipo, pero cuando ganó los 200 mariposa, volvió a dar un golpe sobre la mesa. Fueron seis medallas en Río, cinco de oro, quizás las de mejor sabor contó con su pareja, Nicole Johnson, y Boomer, su hijo de tres meses, en la grada. Aquel sí fue el final que deseó. «Seguramente él no lo recordará, pero yo tendré esto en mente de por vida», aseguró en una entrevista. Todo esto deja claro que hasta el mejor de los deportistas de la historia necesita más que el deporte para tener plenitud y, en el caso de Phelps, hasta que no encontró la estabilidad familiar, no pudo cerrar definitivamente su carrera. No obstante, si bien la materia prima acompañaba a Phelps para el deporte, en ese ADN también hay algo mentalmente problemático. Durante la cuarentena por el coronavirus conocimos que el tiburón volvió a tener problemas de depresión.

El deporte puede ser afición, profesión y salida a los problemas. Pero cuidado porque, como todo, cuando se toma en cantidades excesivas, también puede generar problemas. No hay que olvidar que la vida del deporte profesional es limitada. Si, en cambio, eres un deportista aficionado, no debe suponer más que eso, una afición que no debe eclipsar las cosas verdaderamente importantes de la vida. La importancia de medir, de poner límites, de priorizar… cuánto nos queda aún por aprender.

20

Michael Phelps dijo durante la cuarentena que era igual de imbécil con sus compañeros que Michael Jordan. Jordan, que ganó la medalla de oro en Los Ángeles 84, un año antes de que naciera el nadador, fue todo un referente para el de Baltimore. Como mucha gente, leo que Phelps y yo hemos compartido durante el confinamiento varias horas haciendo lo mismo: ver la serie documental *El último baile* sobre la trayectoria de Michael Jordan. En él se rememora todo lo que ganó Jordan, cómo un deportista salido desde lo más bajo llegó a la cima y rompió todas las barreras del deporte, cómo se convirtió en mucho más que un jugador de baloncesto. Fue y sigue siendo todo un símbolo, así como una máquina de hacer dinero para las marcas, especialmente para Nike. Me queda claro que si hay algo que diferenció a Jordan de los demás jugadores fue la capacidad de mantener un nivel tan alto en cada partido. No era uno de estos jugadores que sobresalía un día y fallaba otros. Él sobresalía en el primer partido de la temporada, en el último y en todos los que había entre medias y en la NBA son muchísimos. Su puntuación media por encima de los 30 puntos lo deja claro, tenía unas ansias de victoria, de ser el mejor cada día, que a pocos deportistas se lo he visto, una capacidad insólita para dar siempre lo mejor que llevaba encima, se enfrentara a quien se enfrentara, a su mayor rival o al que menos daño pudiera hacerle. En la serie no se muestra que se sometiera a alguna estrategia de motivación especial, simplemente era así, lo lleva en su ADN. Sin duda, estamos ante una personalidad excepcional porque todos tenemos nuestros bajones, pero es que para colmo, a él, las situaciones adversas parecían hacerle crecer en la pista, lo ponían ante un reto que le impulsaba aún más.

Pese a su excepcionalidad, Jordan también vivió durante su trayectoria varias situaciones que estuvieron a punto de arruinarlo todo. La primera de ellas fue una grave lesión. Fue tras tres partidos de la liga regular en la temporada 1985-86 cuando Michael Jordan se rompió un hueso del tobillo. La lesión y la posterior operación le tuvieron en el dique seco durante cuatro meses, lo que son 64 partidos de la NBA. Pero aún debía mantenerse más tiempo recuperándose para no sufrir riesgo de recaer. Sin embargo, los *playoffs* estaban encima, el espíritu ganador de Jordan pedía jugar ya, pero ni los Chicago Bulls ni su médico querían arriesgar. «Si juego, ¿cuál es la posibilidad de regresar y lastimarme?», preguntó Jordan. El médico, Jerry Reinsdorf, le dijo que el 10%. Jordan tenía el 10% de recaer de una lesión, lo que le podría provocar no volver a correr más en su vida. Jordan volvió. Lo hizo con un límite puesto por el equipo que solo le permitía jugar 7 minutos por cuarto. Pese al límite, la aportación de Jordan sirvió para clasificar al equipo para los *playoffs*. Se enfrentaron a los Boston Celtics de Larry Bird y ahí ya Jordan pudo jugar sin límites. Cayeron en la eliminatoria, pero en el primer partido, Michael Jordan anotó 49 puntos y en el segundo 63, batiendo el récord de puntuación en los *playoffs*. «No fue Michael Jordan. Fue Dios disfrazado como Michael Jordan», reconoció Bird. La leyenda ya estaba escrita y con mucha más fuerza tras la lesión que estuvo a punto de volcarla.

Este espíritu competitivo de darlo todo en cada segundo de cada partido e incluso en cada entrenamiento, le hacía tener una personalidad que a veces repelía a muchos de los que tenía a su alrededor, incluyendo compañeros. Sí, porque Jordan solía vociferar y hablar mal a otros jugadores de su propio equipo, especialmente en los entrenamientos. Creo que no podemos hablar de una mala persona, sino de alguien especialmente exigente. Ganar la NBA requiere que un equipo ofrezca su mejor versión en cada momento. Lo requiere de todo el equipo, no únicamente de un jugador. Jordan lo sabía, de ahí que exigiera lo mejor a cada uno de sus compañeros y esto, a veces, generaba tensiones. Alguno incluso se cansó y filtró estas actitudes de Jordan a la prensa, incluso salió un libro publicado, *The Jordan Rules* de Sam Smith, que bajaba al jugador del pedestal. Jordan incluso dejó de hablar con la prensa por un tiempo, pero ni mucho menos se vino abajo, en la pista mostraba incluso más ambición y nunca dejó de ser el que era, supuso incluso una motivación añadida, otra dificultad que hizo crecer a Jordan.

También tuvo que afrontar una gran polémica en torno a su afición al juego. Jordan jugaba a las cartas, apostaba al golf, visitaba el casino, incluso lo hizo antes de algún partido importante de *playoffs*. Pero cuando llegaba la hora de la verdad, no defraudaba y, realmente, aunque las cifras que apostaba eran enormes vistas desde la óptica de la mayoría de ciudadanos, para él no suponían gran coste teniendo en cuenta sus ingresos. No obstante, aquello sí evidenciaba que el exceso de competitividad puede llegar a ser un problema: querer siempre lo máximo en cualquier faceta de la vida. Y esto puede repeler a las personas que tienes a tu lado, algo delicado cuando practicas un deporte de equipo. Quizá todo esto provocó tanta presión que llevó a Jordan dejar el baloncesto durante casi dos temporadas. Pero tampoco fue capaz de estar parado y se cambió de deporte: jugó al béisbol. Y sí, la competitividad de Jordan le llevó de ser un jugador mediocre a un bateador cada vez más efectivo que a medio plazo podría haber llegado a las grandes ligas. Solo una huelga de jugadores frenó su ascenso y, al final, la insistencia de algunos de los que eran sus compañeros en los Chicago Bulls, le terminaron reenganchando al baloncesto. Jordan estaba físicamente destrozado para el baloncesto por haber realizado un trabajo muy diferente durante dos años. Pero un duro verano de entrenamientos con horas y horas de juego junto a los mejores jugadores de la NBA, le devolvieron el brillo anterior para ganar otros tres anillos de la NBA.

Jordan también supo rehacerse a otro mal trago por el que solemos pasar todas las personas: la muerte de un ser querido. Fue de su padre y además tras una situación violenta, por asesinato. Para Jordan era una odisea pensar que iba a saltar a la cancha y, su padre, que siempre lo acompañaba, no iba a estar presente. Pero terminó convirtiendo esta ausencia en otro empujón para dar lo mejor de sí mismo y que su padre pudiera sentirse orgulloso de él, estuviera donde estuviera. Las dificultades no son agradables, no gustan a nadie, pero a Michael Jordan le servían para crecer todavía más, eran gasolina para sus músculos. Cada vez que se medía a un problema, a un rival complicado o que alguien lo retaba, él ofrecía su mejor versión.

Jordan y Phelps llegaron a la cima de sus deportes, mostraron ansias de victoria sin límites y, por el camino, hubo compañeros que se sintieron perjudicados en cuanto al trato que recibieron. Mucho cuidado con esto. Yo en mis días de natación también puede que pecara de ese exceso de competitividad. Tras cada travesía a nado solía escribir la crónica en un blog donde no dudaba en criticar los fallos de la organización o la actitud de otros nadadores, todo se centraba en mí, mirado desde mi óptica y muchas veces fui injusto con lo que escribía. Al fin y al cabo, era un simple aficionado, que debía saltar al agua a disfrutar y no a pelear; ahora lo veo así, pero en aquellos momentos estaba cegado.

No quiero aprender nada de ese trato hacia sus compañeros y rivales de estos deportistas campeones, pero sí de su capacidad para superar momentos críticos. ¿Nos detenemos nosotros a la hora de analizar una dificultad? ¿Buscamos de forma eficaz la forma de superarla? ¿De que nos haga mejores? ¿O simplemente agachamos la cabeza, la aceptamos y renunciamos a nuestro objetivo? Quizá todo esto me pueda hacer pensar que yo ante las dificultades, dejé la profesión que había soñado desde niño para buscar otra cosa a la que dedicarme. O quizá es que fui un niño equivocado, sin la madurez suficiente para analizar lo que quería en la vida, repleta de otras cosas que no se pueden dejar de lado. Sea como sea, ahora soy feliz con lo que hago y tengo otro objetivo importante: dejar un buen recuerdo en cada lugar por el que paso.

21

Hablando de buenos recuerdos. Los que tengo de Miguel Induráin, los de sus meses de julio vestido de amarillo por las carreteras francesas y mis días estivales siguiéndolo por la tele. Para hablar de él, quiero hablar de un hecho reciente. El pasado 6 de agosto de 2019, unos ciclistas juniors disputaban la primera etapa de la Vuelta a Pamplona. En uno de los tramos de carretera, había un único espectador en la cuneta. El hombre aplaudió y jaleó a aquellos jóvenes corredores en pleno esfuerzo. Era Miguel Induráin Larraya, cinco veces campeón del Tour de Francia de forma consecutiva. Ni sus éxitos ni que estuviera en ese momento en la carretera, fueron una casualidad. La carretera estaba cortada, Induráin llegó con antelación, estacionó su coche sabiendo que por allí pasaría la carrera y esperó el paso de los corredores sentado en el quitamiedos, en un lugar sin público de la carretera para animar el paso de los juniors. Jueces, voluntarios, directores y, sobre todo, los jóvenes ciclistas, pese a que ni habían nacido cuando Induráin ganaba carreras, alucinaron al ver quién era. No es casualidad, Induráin sigue siendo así. Discreto, humilde y amante del ciclismo. El fotógrafo Martín Early estaba cubriendo la carrera y lo publicó en Twitter, la pasión por el de Villava resurgió casi tres décadas después, si es que alguna vez se ha ido. Algunos de los comentarios en esta red social lo demuestran: «Induráin es Dios» (Jon Rivas); «Si soy yo el que está corriendo, me bajo de la bici y le doy un abrazo» (Jon Spinaro); «Un campeón ejemplar» (Ángel Azcona); «¡Humildad ante todo! Enseñando una de las primeras cosas que tiene que aprender un niñ@». (Manuel Berenguel); «Don Miguel, el más grande en todos los sentidos. Ejemplar en todas sus facetas». (Meteolivereta);

«Increíble lo que debieron sentir los ciclistas, subidón de Adrenalina. Por eso fuiste mi ídolo Don Miguel». (Julio Sanmartín). No es además la primera vez que Induráin realiza algo así haciendo desparpajo de humildad y amor por el deporte que tantos éxitos le dio.

La época en la que el campeón navarro era el mejor del Tour de Francia era la misma en la que yo intentaba no ahogarme en la piscina, pero también hacía algo de ciclismo, por llamarlo de alguna manera. Y claro, uno cogía el subidón tras ver en la televisión la etapa y después intentaba salir a imitarlo. Y eso que por aquel entonces ni siquiera tenía ni una bicicleta de montaña como casi todos los niños de la clase. La humildad de mi familia hacía que me tuviera que seguir conformando con una Motoretta, una bici robusta, urbana, con el sillín grande, sin cambios… pero me dio lo mismo. Le acoplé un bidón del Banesto, la adorné con pegatinas de marcas de ciclismo, me ponía una gorra y salía en solitario a hacer mis propias contrarrelojes. Mis padres pensaban que no salía del barrio, pero yo había días en los que incluso me ponía en carretera. Ahora lo pienso y era una locura. Recuerdo que tenía un recorrido que salía y llegaba en mi propia calle, pero que tenía subidas, bajadas, camino y carretera. Recuerdo que establecí el récord en 14 minutos y medio. Un día, ya estrenando bicicleta de montaña, en el tramo de bajada sin asfaltar, cogí un bache y tuve una aparatosa caída. Cuando llegué a casa, herido y manchado de tierra, dije que había sido en una de las calles del barrio, en una zona ajardinada. Pero claro, mi padre que ha trabajado en el campo toda la vida, sabía que aquella tierra pegada a los bajos de la bicicleta era tierra agrícola, ni mucho menos de los jardines del barrio. Me hice daño por la caída y encima me castigaron. Mis contrarrelojes se terminaron durante una temporada.

Supongo que como esta anécdota infantil, los españoles tuvieron cientos a consecuencia del fenómeno Induráin. Y eso que tengo que reconocer que a mí me llamaban más la atención los ciclistas que atacaban en montaña, como Lale Cubino o Claudio Chiappucci. Pero la superioridad contra el crono y la regularidad cuesta arriba de Induráin le hacían tener la carrera tan bajo control, que hubo que rendirse al mejor ciclista de todos los tiempos. No sé si lloré, pero sin duda, aquella tarde en la que Induráin se retiró en la etapa de la Vuelta a España del 96 que terminaba en los Lagos de Covadonga fue una de las peores de mi infancia. ¿Saben cómo comenzó Induráin en el ciclismo? Cuando con diez años le regalaron una bicicleta de segunda mano para recorrer los 20 kilómetros entre Villava y el pueblo de su madre, Alzórriz. Hasta un año después no tuvo una bicicleta de carreras porque le robaron la anterior, quizá era parecida a mi Motoretta.

22

Pese a todo, creo que mi bicicleta era mucho mejor que la primera que tuvo el campeón del Giro de Italia 2019, Richard Carapaz. Bueno, la primera no le duró mucho, porque como le ocurriera a Induráin, se la robaron. Entonces, su padre le compuso otra de distintas piezas de chatarra y sin goma en las ruedas. En Carchi (Ecuador), los niños tenían bicicleta con neumáticos, las de Carapaz no tenían. El documental del equipo Movistar *El día menos pensado* muestra el lugar donde se crió Carapaz, una zona rural a casi 3.000 metros de altitud cerca de la frontera entre Colombia y Ecuador. Allí su familia trabajaba el campo y cuidaba de las vacas, incluso el mismo Richard tuvo que cuidar de los animales muchas veces.

Con 15 años, Carapaz fue captado por Juan Carlos Rosero, un ex ciclista ecuatoriano que buscaba futuros talentos del ciclismo, lo que le llevó a un equipo amateur. En él consiguió avanzar hasta ganar en 2013 el Campeonato Panamericano de Ruta sub-23. Sin embargo, en 2014 sufriría un importante revés. Tenía 20 años y fue atropellado por un coche cuando circulaba en bicicleta. «El pedalista», como lo llama un periódico que informaba de la noticia, dijo que tras ser golpeado en su lado derecho, perdió la conciencia y despertó camino del hospital donde fue intervenido quirúrgicamente para detener el sangrado de su pierna. Pese a todo, Carapaz no tuvo fractura ósea y pudo salir del daño de aquel accidente y recomponerse meses después. Desde entonces, no dejó de ascender en el ciclismo. Lo hizo la temporada siguiente en Colombia y después dio el salto a Europa, primero al equipo Lizarte y posteriormente al Movistar donde en 2017 ya tuvo algunas actuaciones destacadas.

En la transición entre la temporada 2017 y 2018 se disputaron los Juegos Bolivarianos en Colombia. Allí, Carapaz protagonizaría uno de los episodios más bochornosos de su trayectoria. Junto a otros dos ciclistas, Jhonatan Narváez y Jonathan Caicedo, fueron encontrados ebrios después de la ceremonia inaugural. Los tres terminaron expulsados de la selección ecuatoriana y no disputaron la competición. Justo después, ofrecieron una rueda de prensa para disculparse. «Estamos enojados con nosotros mismos, por lo que ofrecemos sinceras disculpas a la Federación, al Ministerio de Deportes, al Comité Olímpico Ecuatoriano, a nuestros equipos, familias, al público y en especial a los niños para los que deberíamos ser ejemplo, no solo deportivo, sino como personas responsables», leyó Carapaz aquel día, al tiempo que indicó que los deportistas de élite también son seres humanos que cometen errores. «Si algo nos caracteriza, es saber levantarnos y tener humildad. Esta experiencia es dura, pero nos servirá para ser mejores y ser un ejemplo para todos», completó. En su caso no hay duda, claro que se levantó y fue mejor. En 2018, ganó una etapa y fue cuarto en el Giro de Italia. En 2019, lo ganó. En agosto, días antes de participar como uno de los favoritos en la Vuelta a España, sufrió una caída en una carrera de exhibición en Holanda. Su equipo, el Movistar, no tenía conocimiento de que su corredor estaba allí. Tras correr la Vuelta a Burgos, Carapaz tomó un vuelo hasta Ámsterdam a espaldas de su equipo para correr un critérium, donde le iban a pagar 20.000 euros, según aseguró el diario *Marca*. Movistar no se lo iba a permitir a solo tres días de la Vuelta España donde sería su líder. El ciclista se dañó el tendón de un hombro y no podía agarrar el manillar de la bicicleta, por lo que no pudo estar en la carrera por etapas española, prueba donde además debía poner su punto y final a su trayectoria en el equipo ciclista español, del que se marchó envuelto en otra polémica.

Richard Carapaz ha salido del lado más humilde del mundo y ha llegado a lo más alto. Sin embargo, su trayectoria ha contado con varios puntos negros de los que se ha levantado quizás con más fuerza. «El campo te enseña a ser fuerte y a ser disciplinado», explica la madre de Richard. No cabe duda, ya que para triunfar en ciclismo no solo hay que ser buen deportista, hay que ser de otra pasta para pasar horas y horas al día encima de una bicicleta con todo tipo de meteorología; encadenar esfuerzos sobrehumanos en jornadas consecutivas, con cambio de ritmo y de desnivel permanentes y estando expuesto a una transparencia total ante medios y público.

En 2020, Carapaz ha estado en el equipo más potente del

mundo, el INEOS. En el Tour de Francia se quedó pronto sin opciones a la general, pero en la Vuelta a España ha sido segundo. En la penúltima etapa, con final en el Puerto de La Covatilla, atacó al líder, Roglic, a quien Movistar ayudó durante algunos kilómetros con corredores tirando desde atrás. No sé si fue decisivo, pero Carapaz no alcanzó el liderato y el equipo español fue muy criticado.

Más allá de polémicas, su victoria en el Giro de Italia 2019 me emocionó, quizá me identifico con las historias que parten desde lo más humilde y que tienen altibajos. Carapaz es un ser errante que hasta el momento siempre se ha levantado y cuya trayectoria general pedalea en una clara dirección, la de ser el major. Eso si no se topa o se pone más piedras en el camino.

23

El ciclista es un ser sacrificado, no solo por las horas que pasa sobre la bicicleta en las que sufre condiciones extremas, sino porque cada entrenamiento en carretera es una situación de riesgo. En los datos de la Dirección General de Tráfico, se registraron 43 ciclistas fallecidos en accidente de tráfico en 2018. Hubo además 296 heridos hospitalizados y 1.962 heridos no hospitalizados. Cuando hay un accidente con bicicleta de por medio, no hace falta decir quién es el principal perjudicado. No se salvan ni ciclistas aficionados, ni jóvenes con proyección, ni estrellas del pelotón internacional, como ocurrió con Michele Scarponi, arrollado por una furgoneta en abril de 2017.

Uno de los casos que a mí me emocionó especialmente fue el de Anna González, la mujer de Óscar, un ciclista atropellado por un camión cuando circulaba en bicicleta por el arcén. Lo que le ocurrió a su marido muestra que los conductores que atropellan a ciclistas gozan de cierto grado de impunidad. «El conductor que mató a mi marido no se detuvo, se marchó del lugar de los hechos y, por las piezas del vehículo que quedaron en la cuneta, fue detenido y puesto a disposición judicial por la Guardia Civil. A las pocas horas fue puesto en libertad con cargos», contaba Anna en una petición de change.org donde simulaba cómo debería sentirse el conductor del camión con un titular así de duro: «He atropellado a un ciclista, creo que lo he matado, pero no he parado». Continuaba así:

Tengo que confesar algo y hacerlo público... Hoy he atropellado a un ciclista que circulaba delante de mí, iba despistada cambiando la emisora de radio, me he metido en el arcén y le he dado. Creo que lo he matado, no he parado para comprobarlo pero, creo que no se movía. Tengo el parachoques destrozado, tendré que cambiarlo hoy mismo, me gusta que mi coche esté perfecto. Sé que no me va a pasar nada, si me localiza la Guardia Civil, nadie me va a procesar y ni siquiera pagaré nada, ya que, lo hará mi aseguradora. Ni siquiera en el peor de los casos, me retirarán el permiso de conducir…

A Anna le comunicaron que, por ser los hechos una imprudencia leve aplicando la última reforma penal, se archivaba la causa. El caso quedó en nada sin ni siquiera celebrarse un juicio. Pero ella se movilizó a través de internet y consiguió más de 300.000 firmas para modificar los artículos 142 del Código Penal que regula el homicidio por imprudencia y el artículo 195 que regula la omisión del deber de socorro. Se terminó haciendo en abril de 2019, muy tarde para ella, pero puede que a tiempo para muchas otras familias, ya que los atropellos de ciclistas siguen siendo comunes.

Una cosa sí que tengo clara, un deportista no debería renunciar a su deporte por tener que salir a entrenar a la carretera. El peso hay que ponerlo sobre los conductores, partir desde la educación y desde la correcta formación, pero en este país, seguimos conduciendo pegados al teléfono móvil, nos despistamos por cualquier cosa y la gente sigue bebiendo y conduciendo.

En mayo de 2017, esta carta anónima se extendió como la pólvora por Whatsapp y quiero reflejarla aquí por si puede servir de algo:

Hola, no te conozco, perdona que pida tu atención, no me extenderé mucho.

Te quería comentar que mi hijo quiere ser ciclista. Posiblemente dentro de un rato cogerás tu coche e irás a buscar a tus hijos al colegio, después, en esta ajetreada vida que llevamos, quizá le lleves a un entrenamiento o a una actividad extraescolar. Tu hija, tu hijo, quizá nietos, sobrinos, hacen taekwondo, hockey, ajedrez, fútbol, inglés, pintura, música, quizá quieren ser como Carolina Marín, como los hermanos Gasol o quieren ser cantantes o cocineros.

Mi hijo quiere ser ciclista, estudia por la mañana en el Instituto y por la tarde coge su bicicleta y en los bolsillos del maillot echa un gel, una barrita y todos sus sueños e ilusiones. Enciende su luz trasera para que le veas y le insisto en que respete las normas de circulación y sea prudente. Te aseguro que durante las dos o tres horas que está fuera, en la carretera, sé que se juega la vida y solo me relajo cuando vuelve a casa.

Conozco a muchos chicos como él, sus compañeros de equipo y de pelotón, todos tienen el mismo sueño y se sacrifican mucho por conseguirlo, arriesgan en las carreras, se caen y se hacen heridas, se levantan, sangran y sudan. Quieren ser ciclistas.

Yo quiero que tu hijo, tu hija sea lo que le hace feliz, quiero que se cumplan los sueños por los que se esfuerza pero, por favor, deja que mi hijo sea ciclista, no le mates en la carretera, respétale.

Te doy las gracias por escucharme, padre, madre conductora.

Unos días antes en la Comunidad Valenciana, una conductora ebria se llevó por delante la vida de dos ciclistas; dos semanas antes, murió Scarponi y durante aquellas jornadas, sufrió un accidente, aunque sin consecuencias, el ganador del Tour de Francia, Chris Froome.

Pero los peligros que vive el ciclista no se deben únicamente a las imprudencias de los conductores. A veces, hay también imprudencias por parte de los gobiernos responsables de mantener en buenas condiciones las carreteras, un asunto que incluso ha llegado a afectar a deportistas en plena carrera. Un ciclista profesional a quien entrevisté en varias ocasiones, Luis Ángel Maté, estuvo muy cerca de finalizar su trayectoria en una carretera de Polonia. En los últimos kilómetros de una etapa de la vuelta a este país, cuando estaba preparando el esprint para uno de los corredores de su equipo, no vio venir un bache enorme en la carretera y salió disparado junto a otro corredor. Se estrelló contra el suelo y tuvo una enorme hemorragia en la cabeza que necesitó más de 50 puntos de sutura para cerrar la herida. El casco, que terminó completamente reventado, le salvó la vida. Aquella caída se produjo a 21 días de la Vuelta Ciclista a España de 2019. Pero la fuerza del ciclista marbellí y su capacidad de recuperación fue tan grande, que no solo estuvo en la salida, sino que 43 días después la caída cruzó la meta final en Madrid. Maté, aunque no hizo su mejor puesto, terminó haciendo una heroicidad y dignificando todavía más a este deporte.

Pero con lo que ocurre en el ciclismo quiero ir más allá. Ya hay suficientes deportes conocidos como deportes de riesgo y ahí quien lo practica sí creo que es consciente y responsable de que la práctica puede tener unas consecuencias, pero no hagamos de riesgo aquello que no lo es y ese hábito tan saludable como pedalear, no puede suponer una amenaza para quien lo practica.

24

Hasta ahora he hablado de deportistas que han salido de lo más bajo y han terminado alcanzando la élite. En otros casos, no es así, pero quizá el deporte iguala. Hay deportistas de élite que se convierten en los más grandes saliendo de contextos más propensos. El hombre que ha llegado ser número 1 del tenis mundial, el que más Roland Garros ha ganado y, probablemente, el mejor deportista español de la historia, Rafa Nadal, tuvo unos inicios que le impulsaban a convertirse en ser lo que hoy en día es. En su familia ya tenía a deportistas de élite y él comenzó a jugar al tenis a los cuatro años para ganar con ocho su primer torneo. Fue un deportista precoz que se coló entre los 100 mejores tenistas del mundo con menos de 17 años y que tuvo que dejar el instituto en 4º de ESO porque las exigencias del circuito internacional le impedían ir a clase. Nunca he estado en una situación parecida a la de Rafa Nadal, pero ¿es que no es duro un modelo de vida así? Que un niño se aleje de compañeros y amigos para entrar en la rutina de un deporte de élite no debe ser fácil. Quizá, cuando uno sale de lo más bajo, tiene mucho que ganar y poco que perder, simplemente porque no tienes nada de valor que puedas perder. Sin embargo, cuando todo tu entorno apunta tan alto, estar a la altura es complicado. Rafa Nadal no solo ha cumplido con todo lo que se esperaba de él, sino que lo ha superado con creces, pero además, su trayectoria ha sido inmaculada. No recuerdo en él más que victorias, éxitos, títulos y sus últimas noticias negativas han estado marcadas por las lesiones, ni mucho menos cuestiones como las que hemos contado de Richard Carapaz o Michael Phelps de alcohol o drogas.

Pero lo que más impresiona de Rafa Nadal no son sus golpes

ni su depurada técnica. Lo que más impresiona de Nadal es que no da una bola por perdida, que lucha hasta el último punto y es capaz de levantar un partido que tiene completamente en contra. Pero es que, cuando toca, se muestra como el más humilde y el más sincero consigo mismo o con lo que le rodea. Creo que las principales críticas a Nadal han venido por alguna declaración en la sala de prensa donde se ha expresado con total claridad y sinceridad, algo que a veces echamos en falta en otros deportistas; o incluso en situaciones como cuando ayudó como un voluntario más a sacar agua en las inundaciones de Mallorca en diciembre de 2018. Muchos lo acusaron de postureo, una palabra muy de moda últimamente, pero ¿es que le extraña a alguien que Nadal se pusiera unas botas de agua para ayudar a sus vecinos de forma desinteresada? También donó un millón de euros para ayudar a los afectados. Calderilla a cambio de un poco de publicidad ¿no?

Lógicamente, Nadal le debe cosas a un país que siempre ha estado a su lado, pero lo que Nadal ha dado a este país está muy por encima. Nadal ha regalado tardes de auténtica gloria, de esas que nos han hecho olvidar muchos problemas por un rato en los peores años de la crisis económica. Recordemos que entre 2005 y 2014, Nadal solo perdió un Roland Garrós y a eso hay que añadirle otros *grand slams* o la Copa Davis. En los momentos más difíciles, él ha mantenido la esperanza y nos dio momentos de gloria. Pero incluso cuando ya parecía que estaba acabado, Nadal ha vuelto a resurgir y todavía, en 2020, sigue siendo favorito para ganar cualquier torneo que disputa.

25

Rafa Nadal es uno de los embajadores de la marca España. También lo son Carolina Marín, Carlos Sainz, Fernando Alonso y otros tantos. Además, nuestro país ha alcanzado la cúspide del deporte de equipo en disciplinas como el fútbol, el baloncesto o el balonmano, donde España ha sido campeona del mundo. Hablaré del fútbol más adelante, pero no quiero dejar de hablar de balonmano. Los hispanos y las guerreras. Dos marcas, dos grupos de deportistas que se unen para vestir la equipación roja, pero que pasan la mayor parte de la temporada fuera de nuestras fronteras porque este deporte se ha convertido en una ruina para quien lo practica en nuestro país.

En las seis temporadas en las que estuve cubriendo la liga Asobal de balonmano pude ver cómo este torneo pasaba de ser el mejor del mundo a uno de los más ruinosos. Efectivamente. cuando el Balonmano Antequera llegó en la temporada 2006-07 a la máxima competición española, esta liga contaba con algunos de los mejores jugadores del mundo, que optaban por jugar en España antes que en Alemania. De hecho, aquí estaba el mejor club de la época, el Balonmano Ciudad Real. Seis años más tarde, el Ciudad Real desapareció, el Antequera desapareció, otros muchos clubes se debilitaron y el éxodo de jugadores y entrenadores españoles al extranjero fue masivo. No busquen más motivos que los que asolaron a la economía del país durante aquellos años, el ladrillo. ¿Y qué tiene que ver un ladrillo con un balón de balonmano? Lo comprenderán enseguida. La liga Asobal era una competición soportada por el negocio inmobiliario. El presidente del Ciudad Real era Domingo Díaz de Mera, empresario del sector de la construcción y de medios de comunicación e impulsor de numerosos proyectos inmobiliarios, entre ellos el Aeropuerto de Ciudad Real, que patrocinó al club y que terminó siendo el primer aeropuerto internacional privado de España, tras una inversión de 1.100 millones de euros, pero que no ha tenido tráfico aéreo, es decir, un completo desastre. Recientemente, parece que se le ha abierto un nuevo horizonte como estacionamiento de aviones, sin duda, un uso muy alejado al que se esperaba cuando se proyectó, al igual que no se esperaba que el balonmano internacional en Ciudad Real terminase como terminó, llevándose primero el equipo a la capital de España como sección del Atlético de Madrid y desapareciendo finalmente. Atrás quedaron los tres títulos de campeón de Europa, dos Recopas de Europa, cinco ligas y dos copas del Rey, entre otros galardones, además de haber contado con jugadores del máximo nivel. Todo, en una ciudad que no llegaba a los 80.000 habitantes.

A menor escala, algo parecido ocurrió en Antequera, que basó todo su proyecto en torno a un jugador recién retirado que fue seis veces campeón de Europa y bronce con la selección española en Sidney 2000, Antonio Carlos Ortega, un malagueño que tuvo en su provincia la plataforma perfecta para debutar como entrenador. Y cumplió, aunque también con el respaldo de amplios presupuestos y una ciudad volcada. El primer año ascendió a la liga Asobal, consiguió la permanencia el segundo año y lo clasificó para la Copa del Rey en el tercero. En Antequera se respiraba balonmano por todos sus rincones, las tertulias de los bares hablaban de balonmano, los medios de comunicación locales y provinciales le daban portadas y mucho espacio. Pero todo esto no habría sido posible sin patrocinadores relacionados con el fenómeno inmobiliario, en este caso, un grupo constructor que tenía como proyecto estrella un aeropuerto en Antequera. Sí, tal y como leen, un aeropuerto en una ciudad de 40.000 habitantes, decían que para prestar servicio al centro de Andalucía, aunque con otros aeropuertos como Málaga, Córdoba o Granada a menos de una hora de distancia. Visto desde la óptica actual, con todo lo que hemos vivido, se ve una locura. Lo mejor fue que el proyecto nunca puso la primera piedra, pero ante la fiebre del «construye mientras más mejor» vigente en aquellos años, no se veía tan extraño. Para quien escribe, las seis temporadas de Antequera en Asobal junto con el año del ascenso fueron frenéticos. Recuerdo desplazamientos con centenares de antequeranos a diferentes ciudades. De hecho, el Ayuntamiento llegó a fletar un tren AVE a la Copa del Rey de Zaragoza en 2008, el cual se llenó de aficionados que, en su mayoría, no pagaron el billete. Ya antes había remodelado el pabellón en tiempo récord y en 2010 organizó la fase final de la Copa del Rey, una de las más espectaculares que todavía se recuerdan. Pero igual que el ascenso fue vertiginoso, tanto o más fue la caída cuando todo aquel universo ficticio, un gigante con pies de barro, se vio afectado por el «pinchazo» del ladrillo y la crisis económica internacional. La constructora dejó de pagar el patrocinio, al segundo patrocinador, un parque empresarial que no era capaz de vender parcelas, también empezó a fallar, y las instituciones empezaron a retrasar los pagos por las subvenciones porque se vieron colapsadas al ver reducidos sus ingresos en un contexto de urgencia social. Como invitado a la fiesta, hasta se sumó un patrocinador ficticio que se se publicitó sin pagar. Con todo aquello, pronto llegarían los impagos, las reuniones de la plantilla con el alcalde, las quejas en ruedas de prensa e incluso una huelga. Y el problema no es que no hubiese dinero, era además que un club profesional estaba en manos de gestores aficionados que no sabían cómo salir del atolladero, como casi todo el deporte español que no es fútbol. De hablar en las tertulias de bar de la mejor jugada o el posible fichaje, se empezó a discutir de la situación económica, de que los jugadores cobraban mucho, del dinero que se llevaba Ortega por los fichajes o de que toda la culpa era de la prensa. En muchos otros clubes, y no solo de balonmano, se dieron situaciones similares, aunque a mí me tocó vivir en primera persona la situación de Antequera y fue una de las peores experiencias que he vivido y que he tenido que contar.

Lo que había sido una perfecta sintonía entre club y prensa se convirtió en malas caras y regulares contestaciones, teléfonos que no se descolgaban o críticas por decir esto o aquello. En unos meses pasé de estar toda una semana en la emisión nacional de la segunda radio del país narrando la Copa del Rey, a tener que contar las peores miserias del deporte. Desde la plantilla y sobre todo, desde el propio Ortega, se me terminó criticando que no estuviera de su lado. Reconozco que en algún momento puede que no fuese suficientemente solidario con los jugadores o el cuerpo técnico, los peor parados de todo esto. Pero hubo momentos en los que se produjo un distanciamiento total entre plantilla, directiva y afición. El 16 de abril de 2011, la plantilla convocó una huelga para el partido de liga que iba a disputar frente al San Antonio de Pamplona. Tras muchas dudas, decidieron mantenerla por unas críticas que hizo el presidente el día anterior. El partido se jugó con juveniles a cargo de entrenadores de la cantera. Desde dentro, a mí se me acusó de estar del lado de la directiva. No sé si no me expresé correctamente, pero traté de no situarme de ningún lado, aunque siempre sostuve que la huelga, aunque era un derecho que tenían, no beneficiaba a nadie. Siempre dije que lo que le estaba pasando al Antequera, no se arreglaba con una huelga, que solo haría empeorar la imagen del equipo y de la ciudad ante posibles nuevos patrocinios que podían llegar.

Bajo mi punto de vista, no se trataba de una huelga de trabajadores frente a un empresario que no les pagaba. De hecho, la directiva que los había contratado, no es que no quisiera pagarles, es que no tenía dinero para pagarles. Es más, aquellos directivos intentaban buscar dinero de donde podían para ir abonando atrasos. El problema era que el club no tenía ingresos debido a una crisis mucho mayor y que todo se había levantado en torno al patrocinio de un aeropuerto que no se construiría y un parque industrial que diez años después sigue medio vacío. La única solución pasaba por seguir adelante, hacer presupuestos más modestos y realistas e intentar refinanciar aquello o sanearlo con un plan a largo plazo. Pero todo terminó estallando y creo que la huelga lo aceleró. Muchos jugadores dejaron de cogerme el teléfono, también Ortega. Tras la huelga, di voz en mi programa a la afición, con gente que estuvo en el partido y se mostraba muy enfadada, había una mayoría crítica con la plantilla. Para colmo, parte del dinero que cobraban y reclamaban no se declaraba en la nómina, lo que fue calificado en la radio de ilegal por el mismo presidente de la asociación de jugadores. Sé que todo aquello les dolió, incluido que también me equivoqué a la hora de hacer alguna afirmación. Cometí errores, lo sé y lo siento. Hubo cuestiones que no pude contrastar con Ortega porque no atendía mis llamadas, algo que sí hacía con la competencia. Ojalá pudiera haber ido la cosa por otro camino porque en aquella plantilla había gente a la que le sigo teniendo mucho aprecio.

Ortega intentó vengarse de alguna forma antes de marcharse del club. Así lo hizo en la rueda de prensa en la que se despidió como entrenador del Balonmano Antequera. En ella comenzó nombrándome y dedicándome unas palabras no muy cariñosas acerca de las cosas que se decían y que no eran verdad. Terminaría haciendo un repaso de toda su trayectoria en el club y emocionándose por todo aquel vendaval de emociones. Unos días después, esperando que hubiese pasado la tormenta, lo llamé y lo invité a venir a la radio para que pudiese aclarar todo aquello que quisiera. Declinó la propuesta. Sí que me citó en una cafetería para leerme un montón de afirmaciones que yo había hecho en la radio y que tenía meticulosamente anotadas con la intención de echármelas en cara. No merecía la pena ni intentar rebatir todo aquello porque estaba obcecado en su propia realidad. Perdió mucho con todos aquellos problemas económicos, prefirió que los jugadores cobraran antes que él y terminó siendo el más perjudicado.

Ortega, de momento no ha vuelto a entrenar en España. Lo ha hecho en Hungría, Dinamarca, Japón y Alemania. No me cabe duda de que era el mayor profesional que había en aquel proyecto. Quizá tuvo alguna decisión criticable, también debió ganar importantes sumas al principio, pero siempre lo dio todo por el club. Lo mejor, sin duda, fue que terminó levantando cabeza y entrenando a grandes de Europa. Solo puedo decir que lo merece, aunque no hayamos vuelto a hablar más desde entonces.

Yo también tuve que reinventarme por aquellos tiempos. Pasé de tener una empresa propia de medios de comunicación que funcionaba bastante bien y con altos ingresos, a quedar en la quiebra con varios préstamos colgando y tener que limosnear entre trabajos mal pagados y colaboraciones. Como a mí, le ocurrió a muchos empresarios y autónomos, pero no tuvieron repercusión mediática y la mayoría quedó en el anonimato. Cuando hay victorias y derrotas, alegrías y decepciones, hay mucha gente que se queda en el olvido, multitud de currantes que han colaborado y cuyos nombres nunca se conocerán. Nunca hay que olvidar que los éxitos nunca suelen estar forjados por una única figura. Los fracasos, tampoco, aunque el mayor peso siempre recae en un número reducido de personas.

26

Muchos de aquellos jugadores que pasaron por Antequera en los diferentes equipos de la liga Asobal terminaron en el extranjero como único medio para vivir del balonmano. Sin embargo, y contra lo que puede parecer, aquello fortaleció a la selección española de balonmano, que ya había sido campeona del mundo en 2005, pero que lo confirmaría en 2013 con una mayoría de jugadores que militaban en ligas extranjeras. De hecho, el éxodo de jugadores nacionales no se ha detenido aún y los títulos han seguido llegando con cuatro campeonatos de Europa consecutivos en los que no han bajado del podio. De hecho, de los seleccionados del último campeonato de Europa, solo había cinco jugadores en la liga española, cuatro de ellos en el F. C. Barcelona, único club que parece poder mantener salarios altos.

En la selección española femenina la situación es parecida, aunque en este caso en los últimos años la liga doméstica parece que ha visto la luz y son muchas las internacionales españolas que juegan en su país. España ha crecido mucho últimamente en el deporte femenino y eso se ha confirmado también en balonmano cuya selección ha pasado de no estar en fases finales de campeonatos a ser subcampeona del último mundial.

De todo esto, a mí me queda la experiencia de haber podido vivir partidos de liga Asobal, de Copa del Rey y de ambas selecciones a pie de pista. He podido entrevistar y conversar con la élite del balonmano mundial cumpliendo sueños y conociendo a mucha gente que ha merecido la pena.

El deporte une a gente de distintas ciudades y durante aquellos años, la afición de Antequera pudo comprobarlo. Aunque todo terminara mal, se crearon lazos muy importantes entre ciudades como Antequera y Ciudad Real, también con Logroño, Cuenca o Pontevedra. Se generaron amistades que todavía hoy permanecen y un turismo deportivo de fin de semana que dio vida a mucha gente.

Durante la crisis del coronavirus hemos comprobado lo que supone no tener deporte o lo descafeinado de tener partidos sin público, no solo en el momento del juego, también por los espectáculos del descanso, los previos, el ambiente en los bares del entorno antes y después del partido. A veces, se han podido producir algunos altercados, pero lo que suele primar es la convivencia y el buen ambiente.

También cubrí en una ocasión para la radio un partido de la selección española de baloncesto en Málaga. El baloncesto es un deporte, quizá por influencia estadounidense, que tiene todo esto del espectáculo en la grada mucho más asentado que otras especialidades. La animación es constante, los juegos de luces y sonidos, las imágenes en el videomarcador, los grupos de baile y la actuación de la mascota hacen que incluso cuando el partido marcha mal, uno se anime en el pabellón. Málaga, con el Unicaja, tiene la gran suerte de vivir el baloncesto en todo su esplendor y eso supone una gran proyección para la ciudad a nivel nacional y europeo. Yo no he ido a muchos partidos del Unicaja y sé que me he perdido bastante, pero aquella noche del partido de España entrevisté a varios jugadores para la radio. Salir en la emisión nacional haciendo preguntas a Juan Carlos Navarro suponía cumplir uno de mis sueños, ya que era el capitán de la selección española de baloncesto, el que ha sido más veces internacional, campeón del mundo y doble medallista olímpico.

Pero por muy grande que pueda parecer un deportista, en los orígenes todos somos iguales. Juan Carlos Navarro nació un año antes que yo, es del 80. Hizo los primeras lanzamientos en una canasta en el patio de su casa. Por 1.500 pesetas le compraron un aro que estaba en el colegio sin utilizar. Pero era el aro pelado. Lo colgaron de una pared en la que alisaron los ladrillos en forma de tablero de forma que el resultado fue una canasta. El patio no era muy grande, ni mucho menos llegaba a la distancia para ensayar triples, pero allí el pequeño Juan Carlos pudo perfeccionar su tiro. «Recuerdo, después de comer, estar todo el rato jugando. La canasta aún sigue estando en el patio. Ya no es nuestro, pero sigue allí y cada vez que paso por casa de mis padres recuerdo que fue allí donde me enamoré del baloncesto», explicaría años después el jugador apodado *la bomba*, lanzamiento que desarrolló para superar a jugadores más altos que él. De hecho, el ataque contra jugadores más altos lo entrenó frente a sus hermanos y usando una caña larga que emulaba a un pívot de 2.20. Así fue como surgió su característico tiro bombeado. El resultado de su juego como deportista profesional fue el resultado de horas y horas de juego en casa y en la pista de entrenamiento con la suerte de que se divertía. De hecho, no solo jugaba al baloncesto en el patio, también tenía una canasta pequeña en su habitación en la que hacía tiros a todas horas. Con 11 años, ya tenía tanto baloncesto encima, que el coordinador de la cantera del Barcelona lo avisó cambiando la historia del baloncesto español. Ya en los últimos coletazos de su carrera, puse mi micrófono frente a él y nunca olvidaré aquella sensación.

Muchos años antes, cuando él entrenaba en aquella canasta de su casa, yo chupaba banquillo en el equipo de baloncesto del colegio. Sí, lo intentaba en otro deporte. Cuando pasé al instituto, seguí jugando y tras estar todo un año practicando cada tarde en la pista, mejoré algo. En el último año, perdimos el partido de desempate donde nos jugábamos el triunfo en la liga local. Me topé una y otra vez con jugadores más altos que yo a los que no logré superar, incluso me jugué un tiro de espaldas muy criticado por mi propio equipo. Fútbol, ciclismo, baloncesto, natación, periodismo, literatura… querer abarcar demasiado es perder fuerza. Navarro se centró en su canasta como la mayoría de los grandes campeones se centran en un único deporte. Sin duda, en enfocar bien está una de las claves del éxito.

27
EJEMPLOS PARA EL DÍA A DÍA

Estar frente a Juan Carlos Navarro en el Palacio de los Deportes de Málaga fue algo que ocurrió en una ocasión puntual. Mi día a día haciendo periodismo en Antequera era otro. Quizá no fuese tan apasionante, pero me hizo compartir muchos momentos con deportistas de grandes valores humanos, sumergirme mucho más, participar de la esencia. No sé cómo llegó, pero terminó desembarcando en Antequera un jugador de balonmano argentino, el capitán de la selección de este país sudamericano, Andrés Kogovsek. La temporada anterior a la llegada de Antonio Carlos Ortega en Antequera, el equipo se estrenaba en la segunda categoría y tuvo un año muy complicado, a punto de descender. De hecho, mediada la temporada, el equipo estaba descolgado en la clasificación, hubo un cambio en el banquillo e incluso tuvo que afrontar una sanción materializada en la pérdida de puntos. Todo lo que se viviría posteriormente en la liga Asobal dependía de que aquel año se mantuviera la categoría y solo fue posible en torno a la unión generada en torno a un cuerpo técnico de Antequera, con José Cándido Sevilla a la cabeza, un núcleo de jugadores formado en la cantera de Málaga, y varias incorporaciones en las que destacaron dos hombres, el extremo Nacho Vico, goleador nato, que aunque malagueño, venía de jugar en equipos de la liga Asobal, y el argentino Andrés Kogovsek, que ya tenía en Antequera a un compatriota y compañero en la selección, Alejandro Mariné.

El equipo que estaba hundido tras la primera vuelta, terminó renaciendo y haciendo una segunda vuelta espectacular para terminar salvándose en la promoción. Andrés Kogovsek se instaló junto a su mujer y a su hijo en un piso de la Alameda de Antequera, a solo unos metros de la redacción de mi periódico. Aquello hacía que me lo encontrara, no solo en el pabellón, sino a diario por la calle. Desde el principio, Andrés no fue únicamente un hombre que llegó temporalmente a la ciudad a practicar su actividad a cambio de un salario, se involucró totalmente en la vida ciudadana. Siempre sonreía a todo el mundo, charlaba con todo el mundo, se preocupaba por la gente. Así lo hacía en la panadería, en la farmacia y hasta en las iglesias. Pero además, en la cancha, demostró muy pronto que merecía el apodo de «el gran capitán» que terminarían otorgándole y que ya traía de Argentina.

Andrés Kogovsek venía de ser el mejor jugador de balonmano de Argentina en los años 2000 y 2002, había sido campeón de su país y era el capitán de la albiceleste. La liga española es muy diferente y, aunque él comenzó jugando en la División de Honor B, pronto empezó a destacar. Insufló su carácter al equipo, que consiguió doblegar a varios de los equipos más poderosos de la competición. Precisamente es eso lo que más se recuerda de él, más si cabe que su potencial defensivo, sus goles en momentos clave, su versatilidad para jugar en el extremo o en el lateral en aquellos comienzos en España… por cómo celebraba cada gol, por cómo hacía que el público empujara cuando estaban defendiendo o su salto a la cancha junto a su hijo tras la victoria. Kogovsek se metió al público en el bolsillo desde el primer minuto, es una de esas personalidades carismáticas, pero también de las más humildes que conozco. Siempre me concedió cualquier cosa que le pedí, desde una de sus prendas deportivas para sortear entre mi audiencia, hasta venir como invitado a una gala del deporte que presentaba en un recóndito pueblo de la provincia. Kogovsek fue creciendo en España al mismo tiempo que crecía el Balonmano Antequera. La llegada de Ortega le supuso ser entrenado por uno de sus ídolos. Jugar en la mejor liga del mundo le hizo cumplir un sueño, clasificarse para la Copa del Rey supuso otro hito, aunque el Ciudad Real los eliminara en cuartos de final.

Guardo dos imágenes con mayor intensidad en mi retina sobre él. La primera de ellas es de su primer gol en Asobal. El calendario fue caprichoso y supuso que el todopoderoso Barcelona visitara el pabellón antequerano en el estreno liguero. Kogovsek celebró el gol con dedicatoria a la grada y yo capté una foto que utilicé para la primera portada del amplio suplemento deportivo que estrenábamos aquella semana. Cinco años después de su llegada, en mayo de 2009, Andrés Kogovsek vio como el club, tras intensas peticiones por parte de la afición, retiró su camiseta con el número 7 y la colgó en el pabellón, la primera y única vez en la historia que esto se ha realizado. Aquella tarde, después de un partido con empate ante el CAI Aragón, Andrés Kogovsek se despidió entre lágrimas de la afición y con su familia ampliada con otro hijo, nacido en Antequera. No obstante, tendría que regresar en septiembre de 2013, ya que el Ayuntamiento lo nombró hijo adoptivo. A veces, el deporte y la sociedad en general se mezclan y, un deportista es, ante todo, un ser social, un hijo de su mundo, puede ser más o menos entrañable, más o menos querido y, cuando alguien es capaz de sonreír tras la peor de las derrotas o, cuando pese a que se escape un partido, es consciente de que lo ha dado todo, en cierta medida ya ha conseguido un triunfo. Eso, la gente que lo ve, la que semana tras semana vive el esfuerzo que cada uno desarrolla, sabe valorarlo y, más allá de victorias o derrotas, más o menos goles, el sacrificio y el amor por el juego desplegado por Andrés Kogovsek le hicieron hacer historia en el deporte del balonmano. No hubo dudas, fue una persona que asistió a cada evento social al que se le llamó, colaboró con causas solidarias e incluso participó portando un trono en la Semana Santa.

Aunque su camiseta esté colgada del pabellón de Antequera, Kogovsek seguiría y sigue desplegando lo mejor de sí mismo en las pistas. De hecho, viviría emociones aún mayores. Mucho más importante que la portada que yo le dedicara en mi periódico comarcal, sería la del martes 29 de octubre de 2011 en *Olé*, el periódico deportivo más importante de Argentina. El rotativo bonaerense titulaba en primera página «Las manos de Dios» con fotografía de Andrés Kogovsek vestido con la equipación de Argentina de rodillas, con las manos señalando al cielo. Por primera vez, Argentina ganó el oro de balonmano en los Juegos Panamericanos venciendo a su eterno rival, Brasil. Aquella victoria le dio la clasificación para los Juegos Olímpicos de Londres. Argentina entera lo celebró y se allegro. Antequera entera también y para mí, personalmente, fue un alegrón.

En su palmarés, «Kogote» ha ganado todo lo que puede ganar un jugador de balonmano en Sudamérica, rindió al máximo y disfrutó de los Juegos Olímpicos, ha jugado en Europa, e incluso fue nombrado «socio honorario» en su club de toda la vida, la Sociedad

Alemana de Gimnasia de Villa Ballester. Pese a ello, en 2013 cuando llegó a Antequera a recoger la distinción de hijo adoptivo, no tuvo duda: «sin duda, es el galardón más importante que me han dado en mi vida». Reconoció además que el mejor recuerdo que se lleva de aquí fue su hijo antequerano. Todavía, cuando la afición piensa en quién es el capitán del equipo de balonmano, recuerda a Kogovsek. ¿Es quizá todo esto más importante que ganar un título?

Creo que historias como estas nos dejan claro que la vida es mucho más que un resultado o un beneficio numérico. Lo que nos da la felicidad son los momentos, pero los momentos compartidos con otras personas, hazte rico acumulando momentos.

28

El otro gran fichaje del equipo que pudo mantener la categoría en División de Honor B fue Nacho Vico, de personalidad totalmente distinta a la de Kogovsek. Solía ser el máximo goleador en cada partido, capaz de hacer lanzamientos imposibles desde el extremo. También arrancaba los aplausos de la afición, lo daba todo por el equipo, pero quizá no se involucró tanto en la localidad, ya que no residía en ella. Terminó saliendo del club, ya que de una temporada para otra, Ortega dejó de contar con él. Pero regresaría a Antequera años después, en el proyecto surgido después de la desaparición y que tras comenzar en Primera División Nacional (tercera categoría) ascendió el primer año habiendo recuperado a algunos exjugadores de la primera época. Sin embargo, el final de Vico en la segunda etapa en Antequera fue mucho peor. Terminó despedido sin razones de peso, simplemente por discrepar respecto al entrenador y a la directiva. Era una directiva que nada tenía que ver con la del anterior Balonmano Antequera, compuesta únicamente por dos personas y que terminaría dejando un club en bancarrota cuando sí que tenían un patrocinador de peso que además otorgaba más solvencia que el sector inmobiliario, en este caso una aseguradora. Fue el 10 de febrero de 2014 cuando conjuntamente con mi compañero de Málaga, José Manuel Velasco, hicimos en la radio una de las entrevistas más escalofriantes que nunca he realizado a un deportista. Nacho Vico estaba jugando durante aquellos meses en Francia, allí parecía contar con una mayor estabilidad económica, pero aquella salida a la fuerza de Antequera, donde además le debían dinero, le había apartado de su familia en Málaga: «A mí me han jodido la vida, estoy aquí en Francia, las cosas me van bien, estoy jugando, pero me han alejado de lo que más quiero, que es mi hija, tengo que ganar dinero para mantener a mi hija y esto aquí porque es donde puedo ganar el pan para ella», dijo Nacho Vico, que arremetió duramente contra los «dirigentes» de entonces del club, que además habían expedientado a cuatro jugadores también por opinar de forma diferente. «En ese club no hay una democracia, hay una dictadura», sentenció Nacho Vico. Para escribir este libro he vuelto a escuchar aquella entrevista y todavía sigue sorprendiéndome porque está llena de angustia y sinceridad. Aquella temporada fue kafkiana. No solo salió perjudicado Nacho Vico, también otros muchos deportistas de experiencia y otros muchos que estaban empezando, incluidos los equipos de la cantera. Aquella temporada sí destapé numerosas irregularidades de una directiva que acumuló cuestiones como la entrega de talones sin fondos a diestro y siniestro o el presunto intento de falsificación de un certificado de Hacienda. Terminaron marchándose y llevándose toda la documentación posible, dejando el club tirado, aunque afortunadamente hubo un grupo de personas que decidió tirar hacia adelante pese a todo. Partiendo desde abajo, desde los equipos de la cantera, captando a jugadores del entorno, empezaron a hacer un nuevo proyecto que en la actualidad parece estar saneado, con una base fuerte y con un primer equipo que vuelve a aspirar al ascenso a la máxima categoría. Les deseo mucha suerte, como a todos aquellos que han pasado por el equipo en sus diferentes denominaciones y que no tuvieron el final que se esperaba de ellos, incluido Nacho Vico, un hombre que era capaz de echarse al equipo a las espaldas con sus goles, realizar roscas con efecto que parecían de ciencia ficción o marcar goles decisivos desde su propio campo en el último segundo, eso es lo que debería quedarnos del deporte y no otras problemáticas o las consecuencias de una mala gestión por parte de los dirigentes.

29

Una de las críticas más habituales que recibía cuando trabajaba en periodismo era que hablaba de muchos deportes y que muchos de ellos no interesaban a la gente. Fue algo que tuve que cambiar con el tiempo en la radio. Me pedían abrir cada día con noticias de fútbol, balonmano o fútbol sala, que eran las disciplinas de los principales clubes, aunque después sí le dedicase bastante tiempo a otros deportes. ¿Era injusto? Por supuesto, ya que una parte de audiencia escucha solo el comienzo del programa. Yo siempre intenté mantener esa resistencia, mostrar la mayor variedad posible, pero a veces determinadas órdenes lo impedían.

El deportista individual más importante de mi zona de cobertura era un atleta que hacía pruebas combinadas llamado Óscar González. Nacido en Antequera en 1976, aunque residente durante casi toda su vida en Málaga, fue cuatro veces campeón de España absoluto de decatlón, tres veces campeón de heptatlón en pista cubierta, tiene el récord del mundo en veteranos M35 de pentatlón y ha estado en todas las competiciones deportivas internacionales importantes. En todas, europeos y mundiales al aire libre y pista cubierta, universiada, juegos del Mediterráneo… pero le faltaron los Juegos Olímpicos. Por distintos problemas en el año decisivo para clasificarse, nunca llegó a hacerlo. Estuvo cerca en 2004, también en 2008 e incluso hizo un intento en 2012, ya con 36 años. Recuerdo que tras uno de aquellos campeonatos en los que no consiguió el pasaporte olímpico reconoció haber estado llorando por no cumplir su sueño. Pero Óscar se levantó, claro que lo hizo, tanto profesional como deportivamente. Solo hay que echar la vista atrás y repasar sus resultados, todo lo que ha vivido y un nivel tan alto de marcas en tantas pruebas atléticas diferentes. De hecho, él ya se tuvo que levantar antes de ser decatleta. Óscar González era saltador de altura, un prometedor saltador de altura campeón de España júnior y promesa. Sin embargo, una lesión le impidió que pudiera saltar al 100%. Tuvo que reinventarse y, además de saltar, pasó a lanzar y a correr. Y terminó siendo el referente de las pruebas combinadas en España durante una década. No olvidaré una de las oportunidades en las que tuve la suerte de ver a Óscar González en competición, en una competición internacional, los Juegos del Mediterráneo de Almería en 2005. Óscar había hecho una muy buena primera jornada que le hacía aspirar a las medallas, pero las pruebas del segundo día no le beneficiaban tanto. El campeonato se cerraba con el 1.500 donde González se jugaba la medalla de bronce contra un atleta tunecino con mejor marca que él y más especialista en el 1.500. González hizo lo que tenía que hacer, tirar de la prueba, intentar desgastarlo y superarlo, el estadio entero lo aclamó durante aquellas primeras vueltas y, aunque su rival terminó superándolo al final como marcaba la lógica, la gente terminó encantada con González, no solo en el estadio, sino a través de los comentarios de la retransmisión de televisión. Óscar terminó con 7.831 puntos, a solo 16 del bronce, con un cuarto puesto que no fue amargo por la sonrisa que mostraba al final. Guardo muy buenos recuerdos de aquella tarde porque el atletismo es de mis deportes preferidos y en el estadio de los Juegos del Mediterráneo pude ver también cómo el marchador Paquillo Fernández se colgaba el oro, celebrándolo con toda su hinchada llegada desde Guadix, o cómo se produjeron otros destacados resultados de deportistas españoles. Yo, además, estrenaba un teleobjetivo nuevo para la cámara de fotos, lo que me dio una perspectiva que no conocía para aquellos momentos.

Cuando ya estaba claro que la trayectoria de Óscar estaba en declive, cuando seguía castigado por las lesiones, cuando le era más complicado compaginar entrenamientos y trabajo, se anunció que Antequera, en 2015, acogería el Campeonato de España de Atletismo en pista cubierta. Para aquella cita, González tenía ya 38 años. Se iba a retirar antes, pero cuando conoció que su ciudad de nacimiento acogería un nacional absoluto, aguantó un año más para poder retirarse en Antequera. Aquel fin de semana de febrero todavía pudo ser quinto de España, pero además, el alcalde le entregó un trofeo de recuerdo y se llevó una gran ovación de su público, se retiró en casa.

Óscar González no desfilaría en una ceremonia olímpica, ni llegó a aquella marca de 8.000 puntos por la que tanto luchó, pero tocó la gloria deportiva en muchas ocasiones y tuvo un final soñado. Le tocó reinventarse incluso cambiando de disciplina, superó numerosas lesiones, sobrevivió económicamente entre becas y la escasez de patrocinios o incluso tuvo que buscar club a través de internet. Ya me dirán si no era más lógico empezar un programa de deportes con su superviviente así, antes que con que un futbolista de categoría regional que se ha doblado el tobillo y es duda para el siguiente partido, al que no le quito mérito, pero creo que el periodismo deportivo debería poner las cosas en su sitio empezando desde el ámbito local porque si nos vamos a los grandes medios, la batalla está claramente perdida.

30

Mi ciudad siempre había sido mucho de jugar a lo que aquí se conoce como «futbito». Es decir, fútbol sala. Es una de las grandes aficiones de la gente, quedar entre amigos o entre compañeros de trabajo para echar partidos una vez a la semana. Pero cuando el equipo de la Universidad de Málaga se instaló para jugar sus partidos en Antequera disputando la liga de segunda división, nadie iba a verlo. Y claro, yo pensaba: «Si es un equipo de segunda división, no tenemos nada igual». Y empecé a informar en cantidad de este equipo que no agradaba del todo al público, al sentirlo en parte como un intruso que venía de la capital a ocupar el pabellón.

En el deporte hay formas distintas de hacer las cosas y este club las hacía, ya que si estaba donde estaba no era por el salario que pagaba a sus jugadores, todos universitarios y que cobraban mediante becas para sus estudios por jugar, así de simple. El equipo además suele recibir el premio al juego limpio a final de temporada siendo un ejemplo de deportividad. Yo tenía claro que este equipo proponía un deporte distinto, mucho más afín con la filosofía deportiva que yo siempre he defendido ligada al deporte en esencia.

Mi programa de radio era de 3 a 4 de la tarde. Cuando llamaba a los jugadores del UMA Antequera, unos estaban trabajando, otros en clase o incluso cuidando de sus hijos. Es lo que tiene ser un «currante». A la misma hora, el entrenador, Manuel Luiggi Carrasco *Moli* solía estar mirando estadísticas o viendo vídeos del rival, pero él y todos sus jugadores siempre tenían tiempo para entrar en antena y hablar de su equipo. Vive para y por el fútbol sala, pasan los años y mantiene o incrementa su dedicación.

Pero el público seguía resistiéndose. «Si a esos del UMA no

va a verlos casi nadie», me seguía diciendo algún oyente por la calle después de hablar de ellos en la radio. Podía ser. Pero ellos siempre tuvieron el perfil de lo que tiene que ser un deportista: capacidades, disciplina, amor por lo que hacen, sacrificio, un punto de ambición y humildad. Yo lo vi desde el primer día, en cada partido, llegando grandes resultados desde el principio: quedar en la eliminatoria previa al ascenso, ganar Campeonatos de España universitarios, volver a los *playoff*, tener un jugador y un entrenador internacional o derrotar a grandes plantillas, todo sin cobrar nunca una entrada.

Cuando el carácter cuenta; cuando la cohesión de un grupo suma; cuando la vocación y la lucha pueden más que los fichajes realizados a golpe de talonario; los resultados también llegan. No fue un sueño, lo vivimos, fue una realidad, y el UMA Antequera recibiría la recompensa a aquella labor callada, constante y solitaria de tanto tiempo. En abril de 2015, ascendió a la Primera División de la Liga Nacional de Fútbol Sala. Un equipo de jugadores *amateur*, universitarios en su totalidad, que no viven del deporte. Vivieron las mieles del éxito con un pabellón abarrotado. Aquello hizo que ya no solo los llamara yo, sino que los medios de comunicación de todo el país hablaran del conjunto que todavía hoy dirige, como desde hace más de dos décadas, Moli, respaldado por un hombre que siempre confió en este deporte como el presidente del club, Pedro Montiel.

Pocos confiaban en ellos, ni los que entendían, ni los que solo se limitan a mirar el resultado cada semana. En un año no sin dificultades, de largos desplazamientos para cruzar el país tras jornadas de trabajo, otra vez partidos en casa con escaso público presente, una plantilla corta y joven con algunos jugadores debutando en la categoría e incluso alguno que no consiguió permiso para jugar, una eliminación prematura en la Copa del Rey ante un equipo de categoría inferior, compaginar la liga con las competiciones universitarias... pero pudieron.

Aquel sábado todo el mundo quiso sumarse al carro. 3.000 espectadores llenaron el pabellón con un público donde no faltaron familiares, amigos, paisanos, políticos, incluso muchos de aquellos que criticaban que hablase de un equipo a los que no veía casi nadie. Solo en 40 minutos comprendieron el carácter, ambición y la calidad humana de aquel grupo. Fue merecido y no solo por 40 minutos, ni por una temporada, ya eran muchas con esta filosofía, haciendo valer la materia prima frente a las grandes factorías del fútbol sala nacional.

La primera temporada en la mejor liga del mundo no fue

sencilla. Sobre todo, cuando el club insistió en mantener la misma filosofía, la de jugadores universitarios, la de no invertir cantidades en grandes salarios como la mayoría de clubes. Y no pudieron mantener la categoría, aunque lo pelearon hasta la última jornada. El equipo ya se había metido a la afición en el bolsillo, disfrutó con aquel grupo que puso en jaque a algunos de los mejores jugadores de fútbol sala del mundo, quizá el resultado deportivo fue lo de menos porque el espectáculo fue enorme.

El club descendió y no cambió ni un ápice en su forma de hacer las cosas. Muchos equipos se fijaron en los jugadores que despuntaban de aquel equipo para atraerlos con mejores sueldos. *Moli* volvió a hacer una plantilla de universitarios. Se fijaba en jugadores jóvenes de categorías inferiores a los que pudiera venir bien estudiar en la universidad. Y así, de nuevo pudo hacer una plantilla competitiva que ascendió por segunda vez. Y la historia se repitió. Daba igual la categoría, la filosofía siempre debía ser la de jugadores ligados a la universidad, deporte y formación en uno, aunque aquello les costara no poder permanecer en primera división tampoco en su segunda oportunidad.

Cuando escribo estas líneas, el UMA Antequera ha vuelto a ascender a primera división. Esta vez lo ha hecho en un *playoff* a puerta cerrada por la crisis por el Covid-19, sin público, pero con todo el apoyo que jugadores y cuerpo técnico se daban entre ellos. Quizá alguno se haya acordado de aquellos primeros partidos en el pabellón vacío. Hubiese quien hubiese en la grada, ellos han rendido igual, como sé que de nuevo en la máxima categoría, el club ha valorado más contar con un grupo donde se asegure la deportividad, el juego limpio y el espíritu de formación, que las individualidades y las ansias por ganar. Y de momento ahí siguen, peleando por mantenerse en la major liga de fútbol sala del mundo, habiéndole incluso ganado al Inter Movistar. No me he encontrado nunca ningún proyecto deportivo así o al menos que esté en las categorías más altas, no creo que lo haya en España, es otra forma de entender el deporte. Más pura, sin duda, que merece más atención, también.

31

Pese a las dificultades para hacerse hueco en la ciudad que tuvo al comienzo, el UMA Antequera ya tenía ciertos privilegios por ser un equipo masculino. Retomo de nuevo el tema de deporte y mujer, mucho más evidente en deportes de equipo. En otro de los municipios de la comarca, Campillos, el equipo femenino de fútbol sala ascendió en 2009 a la máxima categoría. Yo con Campillos tenía un problema y no era precisamente el tema del género, sino que la emisora de radio no se escuchaba muy bien allí. Pese a ello, iba haciendo seguimiento de la liga, informando de los partidos y entrevistaba a jugadoras. Recuerdo que un día, la capitana de este equipo, Rocío del Valle, me decía que de ellas no se acordaba ningún medio, ni de ellas, ni de aquella liga de división de honor femenina en la que competían. Era difícil hasta conocer los resultados y la clasificación. Por mucho que se diga que nuestra sociedad está avanzando en igualdad de género, en el deporte las cosas no cambian y solo cuestiones muy puntuales llevan a la mujer deportista a la primera línea deportiva. Algún resultado de fútbol o baloncesto, Carolina Marín, en su día Arancha Sánchez Vicario… Sin embargo, cada vez que se habla del tema, la gente le da importancia y se suele indignar. Se critica que no hay igualdad, se echa la culpa a los medios de comunicación, pero al día siguiente, todos miran hacia otro lado. Todavía, en mi web de información deportiva, la noticia con más visitas en toda su historia tiene el siguiente titular: «Ruth Beitia hace historia en el atletismo europeo, pero no ocupa ni una portada». Es del año 2016. La atleta cántabra ganó su tercera medalla de oro consecutiva en salto de altura en un campeonato de Europa. Se tuvo que conformar con unos segundos en el Telediario de TVE y con rinconcitos en las primeras páginas. Su hazaña, aclamada en Ámsterdam donde se disputó el campeonato, pasó desapercibida en su país. Creo que años después cuando entró en política e hizo unas desafortunadas declaraciones sobre protección animal, tuvo mucho más espacio en todos los medios. Pero es que no solo la prensa generalista pasó de Ruth Beitia, también lo hizo la prensa deportiva. ¿Saben cuáles eran los titulares de aquel día? «Griezzman, héroe nacional» en *As*; «Griezzmannix, el galo» en *Marca*; «Allez!!» también sobre Griezzman, en *El Mundo Deportivo*, y una entrevista a un jugador del Barcelona en *Sport*. Mientras el atletismo español y Cantabria estaban de fiesta porque Ruth Beitia superaba los listones de altura, en las redacciones se miraban las alineaciones de los equipos de fútbol de Francia y Alemania para ver cuántos jugadores de la liga española podrían alabar o criticar y quién se iba a enfrentar a Cristiano Ronaldo en la final. Pero es que para colmo, a la mañana siguiente, en la web de la Real Federación Española de Atletismo tampoco aparecía la hazaña de Ruth Beitia, se ve que la comunicación y el marketing brillaba por su ausencia para este deporte en nuestro país.

Por curiosidad, he entrado en aquella entrada para leer algunos comentarios de lectores. Hay muchos a favor de la actuación de los periódicos. Que si el salto de altura es minoritario, que si el fútbol genera más negocio o, lo que más me sorprende, que si Ruth era diputada del PP… ¿Le quita eso mérito? Todo quizá se pueda respetar, pero no compartir. En ocasiones, es necesario centrarse en lo que ocurre dentro de la pista y dejar fuera lo que ocurre en el exterior, es algo así como separar al autor de su obra. Las grandes historias pueden estar escritas por autores con una vida turbia, pero si te han hecho disfrutar, qué más da.

32

El deporte que más he practicado y el que más y mejores momentos me ha dado no es mayoritario en España. Cuando empecé en los cursos de perfeccionamiento de natación en verano, pronto empecé a fijarme en un grupo bastante numeroso de nadadores que llegaba a la piscina minutos antes de las ocho de la tarde. Los recuerdo delgados, sonrientes, jaleosos y populares. Se trataba del equipo de competición. Un año después, intenté entrar en ese grupo, pero me dijeron que tenía que mejorar nadando los distintos estilos. Era todavía un alevín, pero me tuve que quedar todo un verano nadando apartado en una calle de nado libre para mejorar. Pese a la soledad que sentí, no falté ni un solo día y creí que había mejorado, pero al siguiente año tampoco pasé la prueba. Volví a trabajar para mejorar y, unas semanas más tarde, me dieron luz verde para entrenar con el equipo. Yo seguía siendo un niño gordito, muy callado y lleno de complejos. Había entrado en un círculo que para mí parecía inalcanzable, pero en el agua todo fueron dificultades. Siempre me quedaba atrás, ejecutaba bien el estilo, pero era muy lento y las primeras experiencias compitiendo fueron caóticas. Sin embargo, con el paso de los años, el trabajo fue saliendo, mi físico cambió y mis puestos y marcas mejoraron. Pero cuando mi nivel subió, distintas vicisitudes hicieron que aquel equipo de natación se redujera a cuatro o cinco nadadores.

Cuando cumplí 18 años no tuve duda. Hice el curso de monitor de natación y, aún sin cumplir 19, empecé a trabajar en la piscina y fui yo quien se puso a cargo de aquel equipo que un verano más participaría en el circuito provincial, aunque sabiendo que apenas habían quedado nadadores. Tengo que destacar aquí a Maite, José María, Cristina y Álvaro, los compañeros que quedaron del año anterior, que continuaron nadando y sirvieron como referencia a un amplio grupo de niños y niñas que capté para poder hacer un grupo que compitiera. No sé cómo, pero conseguimos ser cerca de 30 nadadores en algunas jornadas, con mucho que mejorar, pero incluso consiguiendo buenos resultados. Lo mejor fue, sin duda, el gran ambiente que se generó, también con el apoyo de muchas familias apoyando en las competiciones.

Los tres veranos que pasé entrenando a diario a aquel grupo y viajando cada sábado por piscinas de la provincia de Málaga, generó algunos de los mejores recuerdos de toda mi vida. Ni siquiera era competición federada, muchos no sabían ni nadar bien los cuatro estilos, en algunas piscinas no había ni corcheras, pero lo pasamos en grande. Quizá a veces pude ser demasiado exigente con ellos y, en algún caso particular, se enrareció el ambiente, pero se hizo una unión que pocas veces he encontrado.

Mis comienzos como periodista hicieron que no pudiera continuar con aquella labor y que estuviera unos años retirado de las piscinas, aunque un tiempo después, aquel grupo fue la base que hizo que incluso antes de que se inaugurase la piscina cubierta en Antequera, ya hubiese un club constituido. Formé parte de su primera junta directiva, me hice cargo de la comunicación y colaboré en que tuviese un buen patrocinador. Llegaron unos años muy buenos para la natación de Antequera, superando incluso aquella época de mi infancia, ya que el club se asentó en la competición federada con nadadores que consiguieron grandísimos resultados. Fueron tiempos de repercusión mediática en los que además me reenganché puntualmente como monitor asistiendo a varios campeonatos donde se ganaron medallas y pude comprobar que el ambiente seguía siendo muy bueno. Además, la natación es un deporte donde, a veces, pueden coincidir en la misma piscina y en una misma jornada de competición, nadadores que empiezan con los mejores del país. Así, sin hacer ruido, pude ver en aquellas jornadas provinciales cómo Nina Zhivanevskaya, medallista olímpica y cuatro veces campeona de Europa, buscaba marca en sus últimos años como nadadora antes de ser entrenadora del Torremolinos. También tuvimos junto a las nuestras a otra campeona de Europa, Duane da Rocha. Como las demás, peleaban en la piscina durante todo el año, buscaban sus mínimas, servían de ejemplo a todo su alrededor con la única recompensa, quizá, de un minuto de gloria al año en competiciones internacionales, aunque a veces tampoco a eso se le echaba cuentas. Todo aquello me motivó mucho. No obstante, cuando mejor parecen ir las cosas, más riesgo hay de que se puedan torcer y yo no lo vi venir. Es verdad que durante aquellos años estaba desbordado con el trabajo y era complicado sacar tiempo para la natación, pero sin palabra alguna, la directiva del club dejó de contar conmigo. Ya no solo fue para ir a alguna competición, tampoco para escribir las noticias o actualizar su blog, algo que siempre hice desinteresadamente.

Algo después, en la piscina en la que nadaba y entrenaba para competir en aguas abiertas, surgió la posibilidad de sacar adelante otro club junto a su equipo de triatlón donde me ofrecieron desempeñar un rol importante. Y lo asumí con toda la profesionalidad que he intentado mostrar en cada trabajo que he desarrollado siempre. En aquel club empecé a emplear todas mis armas de comunicación: notas de prensa, vídeos, publicaciones en redes sociales, web... Tuve además la posibilidad de volver a competir y siendo un proyecto mucho menor en natación, rápidamente ganamos más visibilidad. Todo aquello se interpretó como una ruptura, se generó una rivalidad innecesaria en un deporte minoritario de una ciudad pequeña donde además entré en batallas personales que me debería haber ahorrado. Lo único que sé es que hoy en día la natación federada en mi ciudad no existe y es algo que me duele.

La natación me dejó este sinsabor, pero un enorme reguero de buenos momentos en distintas etapas y en múltiples escenarios: piscinas, playas y embalses. Guardo además muy buenos recuerdos de mi último año nadando como máster donde no faltaron viajes de locura, campeonatos de España o incluso una experiencia internacional. Precisamente en esa última temporada, la piscina donde entrenaba sufrió un incendio que obligó a cerrarla durante un tiempo y en la piscina municipal, sede del otro club, el personal me acogió de lujo para entrenar. Ahora tengo claro que hay deportes que no pueden permitirse rivalidades, ya que ninguna de las partes gana.

33

Estaba acostumbrado a que cuando entrenaba en la piscina entre usuarios que no competían, nadie solía seguirme el ritmo. Sin embargo, aquella tarde, el nadador de la calle de al lado no solo me seguía, sino que llevaba un nado que a mí me era imposible mantener. Tuve que esprintar para poder seguir su ritmo durante un largo, creo que seguí apretando para hacerlo durante un segundo largo, pero ya no pude más. Durante aquellos meses, se estaba constituyendo en el lugar donde entrenaba, la piscina del club Aquaslava, un equipo de triatlón que haría historia. El triatleta que estaba diseñando aquello era el deportista que nadaba en la calle de al lado. Es verdad que en aquella época, yo no atravesaba mi mejor momento de forma, pero me impactó que un triatleta pudiera nadar de aquella forma. Era Rubén Bravo y, aunque su segmento fuerte no era el de la natación, es un triatleta que había estado en la selección española, incluso fue campeón del mundo por equipos y ganador de numerosos triatlones. Aquello me hizo comprender la dureza que debía tener aquel deporte porque para nadar a unos ritmos tan altos, el entrenamiento tenía que ser en cantidad y calidad. Con Rubén llegaron al club otros triatletas que yo empecé a ver de vez en cuando en la piscina, pero como además el equipo comenzó pronto a conseguir buenos resultados en las competiciones, también empecé a hablar de ellos en el periódico, en la televisión y más tarde en la radio. Y lo que vi fue a deportistas con un nivel de natación de nadadores, con un nivel de ciclismo al nivel de ciclistas y un nivel de carrera a pie al nivel de atletas de carrera. Es decir, que un triatleta de élite avanza a ritmos muy parecidos a los de deportistas de cada disciplina individualmente hablando ¿Cómo podía ser aquello?

Aquel equipo, compuesto por triatletas de distintas procedencias, fue tres veces subcampeón de la Copa del Rey de triatlón en hombres, una en mujeres, ascendió a primera división y tuvo numerosos títulos de campeones de España en relevos o sprint. Nunca un club andaluz había alcanzado aquellas cotas en aquel deporte que poco a poco fui conociendo mejor. Pero más allá de los títulos, ¿cuánto hay que entrenar durante años para estar entre los mejores? ¿Para estar a aquellos niveles en natación, ciclismo y carrera? ¿Cuál era el nivel de sacrificio?

Años después terminaría encargándome de la comunicación de aquel club y, aunque el nivel competitivo bajó y se enfocó más en el triatlón de media y larga distancia, pude conocer aquel deporte mucho más a fondo y presencié algunos triatlones en distintas localidades de Andalucía comprobando en primera persona el nivel de exigencia que tiene el triatlón. No tengo duda, un triatleta de los que está arriba, es un auténtico superhombre. Eso sí, el triatlón es también un deporte que puede llegar a ser muy popular en cuanto a su práctica. Solo hay que pasarse por una carrera de triatlón y verás a deportistas de un abanico de edad muy amplio de todos los niveles. Terminar una maratón es un reto, pero terminar un triatlón puede llegar a ser un reto semejante y ya no hablo de palabras mayores como puede ser una prueba de larga distancia como un Ironman, ya que para ello se requiere de años de preparación y de experiencia en pruebas más cortas. En todo caso, creo que cruzar la línea de meta de un triatlón no es algo que se pueda comparar con ninguna otra sensación que exista en la vida. Dejar atrás todo el sufrimiento con golpes y codazos en el agua, el estrés de las transiciones, encontrar el ritmo sobre la bici, ponerse a correr con el cuerpo machacado… pero entonces el triatleta ve en el horizonte ese arco por el que ha luchado, no solo ese día, sino muchos meses atrás, entra mientras detiene el crono pudiendo decir que lo ha logrado.

Dentro de esos superhombres, uno con el que he coincidido en numerosas ocasiones tuvo unos inicios peculiares en el triatlón. Rubén Ruzafa debía haber sido en 2008, cuando tenía 23 años, el primer deportista olímpico de Rincón de la Victoria (Málaga). El seleccionador español de ciclismo de montaña comunicó que se había ganado una plaza para representar a España en Pekín. Sin embargo, unos días más tarde y tras presiones de un gobierno territorial, se sacó a Ruzafa de la selección para que entrara otro ciclista. Fue un «decretazo» en toda regla que perjudicó al malagueño.

Como su entrenador siempre le había mantenido en su programación sesiones de carrera a pie y, desde los 20 años, natación, decidió aprovechar la preparación para la cita olímpica y se inscribió en el Campeonato del Mundo de triatlón Xterra, una modalidad con bicicleta de montaña. Viajó hasta la isla de Maui, en Hawái, y se proclamó campeón del mundo sorprendiendo a todos los favoritos. Tuvo una decepción olímpica, pero comenzó ahí una leyenda del triatlón cros. Desde la radio lo llamé varias veces, ya que ganó otras dos veces en Maui, subiendo al podio en cuatro ocasiones más, pero también fue campeón del mundo de triatlón cros en cuatro ocasiones, siendo dos veces subcampeón. Todavía sigue activo. En 2019 fue campeón de Europa, pero además no se ha dejado de ver en competiciones de su entorno. Yo guardo con mucho cariño una fotografía en la que compartí podio con él en una travesía a nado. Yo me quedé segundo y él tercero. Le gané a un campeón del mundo, aunque solo nadando, saqué partido a que no es su mejor especialidad.

Posiblemente, participar y terminar un triatlón sea una de las cuestiones que he dejado pendientes en mi trayectoria como deportista, pero es algo que me impone bastante respeto. He disfrutado de travesías a nado, muchas de ellas junto a triatletas; he cruzado metas de carreras a pie; he participado haciendo la natación en triatlones por relevos… son carreras y metas que he saboreado mucho, pero hacerlo en un triatlón debe ser lo máximo.

Teniendo en cuenta toda esta exigencia, algo que me impresionó mucho en uno de los primeros triatlones que estuve cubriendo, uno de media distancia, fue conocer que muchos de aquellos deportistas todoterreno eran además padres. Tener familia con hijos y compaginar trabajo y un deporte como el triatlón no debe ser nada sencillo. Requiere, fundamentalmente, de días muy bien planificados y creo que tener que madrugar mucho para que los entrenamientos puedan cuadrar junto con el resto de obligaciones. Muchos de aquellos triatletas entraron en meta con su hijo o hija en brazos, vi en ellos una sonrisa mucho más especial, una luz particular iluminando un rostro quemado por el sol e invadido por el sudor de unas cinco horas de prueba deportiva. Aquello se me quedó en la retina e incluso le dediqué un poema que se compartió bastante entre grupos de triatletas. Creo que, en parte, ser padre y ser triatleta, con sus lógicas distancias, es algo parecido en cuanto a las rutinas y disciplinas que requiere. No lo voy a comparar a nivel de satisfacciones, pero poder compartir ambas cosas debe ser lo máximo. Yo ahora, con un niño de un año en casa, pensar en poder cruzar una línea de meta con mi hijo en brazos es algo que me eriza la piel. Es una lástima que no disponga del tiempo necesario para poder entrenar, pero la vida son etapas, cada una con sus prioridades y ahora toca hacer otras cosas. Yo decidí dedicar el tiempo de entrenar a escribir y no me arrepiento de esto. De hecho, de vez en cuando también me doy mis satisfacciones deportivas, aunque estén alejadas de la competición. Puede que el tiempo del deporte vuelva, ya que el propio triatlón demuestra que no hay límites.

En el año 2015, Francisco Sanz se convirtió en el triatleta trasplantado más joven en finalizar un triatlón de distancia Ironman. Lo hizo con 27 años empleando un tiempo de 12 horas, 14 minutos y 10 segundos. Diez años antes, le detectaron una enfermedad renal crónica y tuvo que someterse a hemodiálisis. Pese al tratamiento, no renunció al deporte y siguió participando en duatlones y carreras populares cuando la energía se lo permitía.

En junio de 2008, se sometió a un trasplante de riñón. La mayoría habría optado por una vida sin grandes esfuerzos físicos, pero él optó por mantener su pasión y actualmente se dedica a la actividad deportiva y forma parte de la Asociación Deporte&Trasplante España que lucha por demostrar que hay vida después del trasplante y que gracias al deporte puede mejorarse la calidad de vida. Junto con sus compañeros del Tri-Galapagar ha conquistado varios triatlones en la Comunidad de Madrid y en abril del 2014 también participó en el Triatlón de Elche de media distancia. En 2013, además, participó en los Juegos Mundiales para Transplantados.

Para superar el Ironman, se tuvo que preparar previamente en otras pruebas de bastante dureza y fue capaz de superar el recorrido ciclista con altos como Cotos o Navacerrada para terminar con la maratón que tuvo como meta el kilómetro cero nacional en la Puerta del Sol. Un año después, consiguió ser campeón de España de triatlón en los Juegos de Trasplantados.

Las barreras que un deportista puede encontrarse son, sobre todo, psicológicas, porque hay casos de superación de adversidades de todo tipo, también en la lucha contra la edad. Miren la historia de Manuel Cruces, un dermatólogo y triatleta que tenía 72 años cuando su historia saltó a los medios de comunicación.

Salir a la carretera a diario para entrenar, competir y ganar medallas teniendo en cuenta que hay que practicar tres disciplinas se debe hacer mucho más cuesta arriba cuando los años pesan. El testimonio de este hombre lo sacó a la luz su hijo, que además era poco deportista, pero quiso contar a sus hijos las hazañas de su abuelo. Antón decidió inmortalizar la historia de superación de su padre en el documental *Oldman: el último triatleta*. Para ello, solicitó la ayuda ciudadana a través de una campaña de *crowfunding* que le permitiera financiarlo. Manuel asegura que el deporte amplía sus límites y da sensaciones únicas. Además, sufrió un grave accidente que le incrustó el fémur en la pelvis y logró recuperarse tras la operación, valiéndose del deporte como mejor terapia. Su historia cautivó a 218 personas que decidieron financiar el documental, sobrepasando de largo los 7.000 euros necesarios. El propio Javier Gómez Noya, sensibilizado por la historia de Manuel Cruces, participó en la difusión. El documental habla de vocaciones tardías, que se sumerge en otra manera de vivir y analiza los retos diarios de un deportista extraordinario que trata de alcanzar día tras día «la meta de salida».

Si hablamos de edad, tenemos casos más extremos, ya que en la actualidad, las competiciones en categorías máster dan la posibilidad de competir sin límite de años, yo lo he presenciado en natación. En la fecha en la que estoy escribiendo este texto, aún está activa a los 98 años de edad, la estadounidense Maurine Kornfeld, conocida como "Mighty Mo", una nadadora que comenzó su trayectoria en el deporte con 65 años y que tras establecer su primer récord mundial cuando tenia 90 años, hoy acumula 27 plusmarcas mundiales en las categorías más longevas en estilo libre y espalda. En los Campeonatos Mundiales Másters de Budapest en 2017 fue la sensación en el grupo de edad 95-99 años. Su labor le ha hecho entrar en el Salón de la Fama Internacional de la Natación y va más allá de los resultados. Maurine se levanta cada día a las cinco de la mañana para ver a sus compañeros de club. Entrena en la ciudad de Pasadena, en una piscine donde todos son sus fans. Empezó tarde en el deporte porque cuando era joven alguien le dijo: "Las chicas buenas no hacen deporte". Esta mujer ha cambiado la historia a la que parecía encaminada su vida, comenzó a nadar con 65 y, lo que son las cosas, ya acumula cerca de 35 años en las piscinas, mucho más que la mayoría de los que empiezan a competir cuando son niños. ¿Empezó tarde?

34

Un titular de *La voz de Galicia* donde se hace una entrevista a Manuel Cruces dice: «Soy un coleccionista de sensaciones». Eso de las sensaciones al hacer deporte yo ya lo había escuchado hacía un tiempo. Es curioso eso. Muchas veces, más que el resultado, lo que te deja huella del deporte son las sensaciones. El triatlón, sin duda, es un carrusel de sensaciones multiplicadas por tres. Sensaciones que llegan desde la línea de salida con una calma tensa difícil de explicar, el cruce de miradas entre compañeros y rivales. Es entonces cuando sucede. Ese segundo de silencio justo antes de que suene la bocina, los tambores de guerra y banda sonora épica en el interior del deportista. Es el punto de inicio para darlo todo, comienza el sueño y el triatleta está dispuesto a saborearlo, ha trabajado duro y es el momento de disfrutar, aunque le quede todo un triatlón por delante.

Para la mayoría de triatletas, estar en la salida es ya una meta. Lo normal ha sido llegar a este deporte desde una de las tres disciplinas individuales, aunque hoy en día ya existen escuelas de triatlón donde se impulsa todo conjuntamente. Pero los triatletas de mi edad han salido de la natación o del ciclismo, por lo que han tenido que reinventarse. Cuando empezaron, no eran capaces de hacer ni la mitad de lo que hacen hoy en día. Sin embargo, se introdujeron en otras disciplinas que les favorecían menos, quizá no sabían ni nadar o nunca habían montado en una bicicleta de carretera, pero empezaron a entrenar, mejorando poco a poco, a duras penas para llegar a ser lo que son hoy. Lo hicieron explorando sus límites y llevándolos más lejos, superando obstáculos.

Pero es que además, en el triatlón me he sorprendido con el compañerismo que existe. Quien diga que esto es un deporte individual, se equivoca. El triatleta comparte vivencias múltiples, en la grupeta de entrenamiento, la cena de la noche anterior a la competición, gente que no conoce abrochándole la cremallera del neopreno, preguntándole en bici si le falta agua, animándole corriendo, cruzarse con un amigo, animarse frente a frente en la carrera a pie y que se le salten las lágrimas porque va en muy buena posición, su gente esperando en meta...

El apoyo, cualquier ayuda, aunque sea en forma de palabras es buena. Es entonces cuando hay un *speaker* que le nombra; gente aplaudiendo a la salida del agua sin que se le reconozca con el neopreno y el gorro; su familia en esa parte dura del segmento ciclista y él intentando sonreír aunque vaya fatal; esas camisetas que se han hecho para darle apoyo; un grupo que no conoce de nada que anima a cada participante que pasa; el abrazo sin miedo a que esté sudoroso cuando cruza la meta o el abrazo igual de sincero cuando no ha podido terminar.

El triatleta escucha muchas veces cómo la gente le dice que se quede con un deporte por separado, pero no se conforma, aunque se le dé bien la natación, el ciclismo o la carrera de forma individual. Si no es bueno nadando le dicen que se dediques al duatlón, o si falla en la bici que haga un acuatlón de vez en cuando y más carreras a pie; pero a él le gusta el triatlón, le ha enganchado y además es incapaz de estar más de un día sin entrenar, necesita todos los valores que este deporte genera.

No le importa viajar cientos de kilómetros para una competición, entiende que hacer esa prueba requiere de un precio de inscripción determinado, es capaz de sacrificar parte de sus vacaciones para hacerlas coincidir con un triatlón, a veces le puede afectar en el terreno personal, pero lo afronta y lo intentará compensar con otra cosa. Le sirve además para conocer mundo y nueva gente.

Y después están las peculiaridades como ese irresistible olor a neopreno; ese bronceado tan irregular que hace destacar al triatleta en el vestuario; la sensación de ir a la playa y creerse perdiendo el tiempo porque no está nadando; pasar por un pantano y decir qué buen triatlón podría hacerse aquí; ir en coche, adelantar a una grupeta de ciclistas y envidiarlos; tener un cajón lleno de camisetas *finishers* o comerse un pastel y que se active un remordimiento interior.

El triatleta no deja de ser ese loco que se levanta a las 6 de la mañana para salir a correr, que sale de la piscina cuando es de noche, o viceversa, o que aprovecha cualquier descanso a mediodía para unas series. Bendita locura.

Ojalá todos tuviésemos un poquito de triatletas en nuestro interior. Yo he intentado traerme la filosofía del triatlón al ámbito profesional y creo que me ha funcionado. Lo hice primero para hacer el máster de profesorado, después para preparar las oposiciones y también para escribir. Levantarse a las 6 de la mañana, dedicar parcelas de tiempo de tu día a una actividad determinada, planificar con una fecha como objetivo… al final, el método del deporte puede trasladarse para cumplir cualquier reto en la vida. Como ocurre en el deporte, cuando más lo vas haciendo, cuando el proceso se va repitiendo con los años, todo se va perfeccionando y los resultados van mejorando. Yo llevo relativamente poco tiempo con esto. Escribo estas líneas a las 6:54 de una mañana de verano y estoy finalizando el capítulo. Estoy concluyendo el objetivo de esta primera hora de mi día, es simplemente una brazada o un kilómetro más de un camino largo.

35
LA BÚSQUEDA DE LA ESENCIA

En los años 80, un niño se levantaba todos los días cuando aún era de noche para lanzarse a la piscina a entrenar. A veces tenía frío, otras veces sentía la pereza del sueño o estaba nervioso por algún examen, pero sabía que el día tenía que comenzarlo en la piscina, allí estaban sus sueños por cumplir. Llevaba la natación en el ADN, ya que tanto su padre como su madre se dedican profesionalmente a este deporte. Fue eso lo que les condujo hasta Málaga y, en la emblemática piscina del Cerrado Calderón, Iván Tejero daba brazada tras brazada sintiendo en cada metro que por mucho que tu entorno te acompañe en esto del deporte, el esfuerzo es lo que verdaderamente suma, nadie regala metros. Aquel niño fue bastantes veces campeón de Andalucía, desarrolló una velocidad endiablada a braza y terminó siendo campeón de España júnior. Sin embargo, se quedó a poco de una mínima internacional, sintió que la natación se le quedaba pequeña y buscó nuevas sensaciones. Fue internacional en salvamento y socorrismo, pero fue en el triatlón donde terminó asentándose. Este deporte llegó a su vida para quedarse. Iván pasó de ser cuarto en unos juegos mundiales y campeón de Europa con el relevo de la selección española de salvamento y socorrismo a clasificarse de los últimos en su primer triatlón. Aquello no impidió que se quedara enganchado a este deporte.

Y lo que es curioso. De ser un especialista en 50 metros braza, pasó a nadar crol de fondo y en aguas abiertas para poder realizar los triatlones. Pero nadaba el fondo como pocos triatletas. De hecho, la gente de este deporte en Málaga todavía recuerda aquellos años de carreras. Iván Tejero comenzaba liderando la prueba sacando distancia en natación para después ver cuántos eran capaces de remontarle. Poco a poco, fue mejorando en ciclismo y carrera a pie para consolidarse en la élite del triatlón.

Yo ya había escuchado hablar de él cuando llegó a Antequera y cuando intercambiamos unas primeras palabras en la presentación del equipo. La primera sensación que me dio fue la de ser una persona reservada. Había ganado ya triatlones en distintas partes de España e incluso había tenido buenas participaciones internacionales, llegaba a un equipo que conseguiría bastantes triunfos, pero era un tipo tímido. En el deporte te puedes encontrar distintos perfiles de deportistas. Están los globeros de mucha palabra y pocos resultados, los que tienen don de gentes y también son deportistas de referencia y los callados que donde más hablan es en la competición. Iván se encuentra en este último grupo. Tengo que decir que a partir de aquel primer día, comencé a encontrármelo en la piscina, ya que trabajaba allí como monitor. Ni era mi entrenador, ni era mi monitor, ya que yo nadaba por libre, pero siempre me ayudó y me asesoró en todo lo que necesité. También empecé a interesarme por sus resultados y pude seguir cómo aquel nadador de pruebas de velocidad a braza que desembarcó en el triatlón, se fue haciendo triatleta de larga distancia. Fue capaz de ganar duros triatlones, pero había una modalidad que se le resistía, el Ironman. Terminó varios, pero todos sabíamos que tenía mucho más ritmo dentro que el que demostraba con su tiempo en meta. Tomó una decisión arriesgada dispuesto a cumplir su sueño, disputar el mundial Ironman de Hawái. Para ello, decidió dejar el trabajo y dedicar una temporada a entrenar y competir para poder clasificarse como profesional. Recuerdo aquellas jornadas pendiente de la web de Ironman, ilusionante siempre porque Iván marchaba en el grupo de cabeza en natación, pero empezando a desinflarse en ciclismo y convirtiéndose en un suplicio la carrera a pie. Para colmo, en las ocasiones en las que tuvo opciones, se topó con la mala suerte. Fue en Lanzarote cuando estaba en la posiciones delanteras bien avanzado el segmento ciclista cuando sufrió, no uno, sino dos pinchazos. Sus opciones para estar en Hawái como profesional se diluyeron.

Pese a que muchos recomendamos a Iván que recapacitara y que retomara pruebas de media distancia, él lo tuvo claro. Aunque tuvo que volver a trabajar por necesidad económica, no abandonó la larga distancia hasta estar en Hawái. Primero hizo una gran marca de

8 horas 39 minutos en una prueba de distancia Ironman en España de otra franquicia y después pudo clasificarse para el Mundial en grupos de edad; pudo correr en Hawái, en la isla de Kona, y cumplir su sueño. Pudo además compartirlo con quien entonces era su pareja, Patricia Bueno, que sumaba su segunda participación allí.

Pero Iván Tejero, ante todo, es un fanático de las sensaciones al hacer deporte, un disfrutón del esfuerzo como pocos, alguien que da todo lo que tiene en cada circunstancia. Lo he visto así en triatlón, en pruebas de natación, en una media maratón o en una milla urbana. Y claro, alguien que se mueve por sensaciones tiene todo un mundo esperándolo ahí fuera. Poco a poco vi que salía mucho más a correr a la montaña, en plena naturaleza. Se fue metiendo en el mundillo del *trail*. Entrenar en la sierra te da muchas satisfacciones. Correr bajo el trino de los pájaros o en completo silencio, levantar la mirada y ver una alfombra verde o las altas montañas, apretar hasta la siguiente colina… No era extraño que Iván terminara «tirándose al monte», que se guiara por esas nuevas sensaciones y a la natación, el salvamento y el triatlón, sigue ahora la carrera por montaña. Incluso más que la competición, lo que le motiva es verse inundado por el medio ambiente en pleno esfuerzo. No compite mucho, aunque ya lo ha hecho bien en algunas pruebas, y lo que más muestra en las redes sociales es esa capacidad que tiene el hombre de adaptarse al medio, al medio natural, de disfrutar de él, de sentirse libre y pleno, se le ve feliz en la naturaleza.

Tengo desde hace quizá demasiado tiempo un café pendiente con Iván. Yo ya hace tiempo que me olvidé de los resultados, de los tiempos y que me dejé guiar por las sensaciones. Para obtenerlas, no hay nada mejor como la naturaleza. Me apetece que me cuente de sus andanzas por los Alpes, por los Pirineos y por las montañas de Andalucía, eso de coger el coche, montar una cama en el maletero y recorrer montañas donde correr con el objetivo de desconectar y disfrutar.

Para aquellos que no son los mejores a nivel absoluto en su disciplina, lo que queda, más que las marcas o las medallas, son las experiencias. Seguro que a Iván, que debe tener muchos trofeos en casa y muchos recortes de prensa, lo que le queda en un futuro junto a sus logros será aquel último kilómetro en Hawái, la dureza de los puertos del triatlón Titán animado por la gente, la primera vez que pisó suelo internacional para una prueba fuera de España o alguna de esas jornadas brincando en plena montaña. Yo por mi parte lo tengo claro. Tengo en alguna estantería de casa una caja llena de medallas en competiciones menores de natación cogiendo polvo, mientras que lo que permanece igual de fresco en mi memoria es aquel viaje con Emilio y Lydia cruzando España para nadar en el lago de Banyoles, el final de aquella travesía marcada por el viento en el embalse de Zahara, cuando me metí a nadar «in franganti» en el lago Ness o la primera vez que vi el amanecer en el barco hacia la isla de Tabarca para hacer la travesía a nado hasta Santa Pola. Esos momentos no se olvidan, ha pasado el tiempo, pero me siguen sirviendo de inspiración diaria.

36

Gracias a Iván y a otros triatletas de mi entorno he conocido a deportistas muy diversos. Uno de ellos fue el triatleta extremeño Diego Paredes. Cuando lo conocí en 2014, ya me sonaba su nombre del mundillo del triatlón de media y larga distancia, pero estuvo una semana en Antequera entrenando en Aquaslava con Iván Tejero y Emilio Ruiz. Compartí con él un par de entrenamientos en la piscina y me llamó la atención por su sencillez. Me transmitió la sensación de ser una persona que intenta captar como una esponja todo lo que puede aprender de los demás. Desde entonces, comencé a seguirlo en las redes sociales y en su blog. Era motivación deportiva al 100%. Vi en él a un triatleta diferente, con una filosofía de vida clara, sabía de las miserias del triatlón, las combatía públicamente, pero era un adicto a la grandeza de este deporte. Pero sobre todo, destacaba por no ser un "lamomipropiotrasero" como tantos. Dedicó artículos y artículos de su web a entrevistas a otros triatletas, aunque fueran rivales. Asimismo, se podían leer crónicas donde ni siquiera te enterabas del puesto que había ocupado, pese a ser destacado. Eso era lo que se veía porque detrás no me cabe duda de que había llevado un trabajo cuidado, metódico, de entrenos planificados, pero también al límite, de constancia y dedicación, haciendo de estos valores su plan de vida, lo que le hizo escalar el éxito poco a poco.

Por ello, cuando en un grupo de Whatsapp leí que Diego estaba "a punto de liarla" en el triatlón distancia ironman de Vitoria, seguí esos últimos parciales de la carrera a pie y cuando las redes sociales anunciaron su victoria en una de las pruebas de larga distancia más emblemáticas de España, no pude dejar de alegrarme.

Días después, Diego leyó uno de los artículos de mi blog y me escribió. Tenía una gran historia de superación detrás, pero no había querido contarla. Aunque le insistí, la mantuvo para él y sus allegados. En una de sus últimas crónicas le leemos que "Si hace cinco años (en la cama de un hospital con la rodilla abierta) o tan solo tres me hubieran dicho que volvería a hacer triatlón a este nivel no me lo creería; simplemente poder correr...". Pues no fue simplemente correr, no fue simplemente hacer triatlón, ni terminar un ironman -que terminó unos cuantos- fue ganar Vitoria.

Pero la vida, a veces, es especialmente dura. El 24 de septiembre de 2020 conocimos que Diego había fallecido. Así, sin esperarlo, sin ni siquiera saber el porqué. La vida, que a veces da nuevas oportunidades, también te las puede quitar todas. Pero prefiero no dar vueltas a la enorme pérdida, sino detenerme en su legado: "Lo había soñado, pero la realidad siempre supera a la ficción", dijo Diego tras ganar en Vitoria. Su última entrada de blog, publicada una semana antes, me sobrecogió, se titula "Si":

> Si puedes mantener la cabeza en su sitio cuando todos a tu alrededor
> la pierden y te culpan a ti.
> Si puedes seguir creyendo en ti mismo cuando todos dudan de ti,
> pero también aceptas que tengan dudas.
> Si puedes esperar y no cansarte de la espera;
> o si, siendo engañado, no respondes con engaños,
> o si, siendo odiado, no incurres en el odio.
> Y aun así no te las das de bueno ni de sabio.
>
> Si puedes soñar sin que los sueños te dominen;
> Si puedes pensar y no hacer de tus pensamientos tu único objetivo;
> Si puedes encontrarte con el triunfo y el fracaso,
> y tratar a esos dos impostores de la misma manera.
> Si puedes soportar oír la verdad que has dicho,
> tergiversada por villanos para engañar a los necios.
> O ver cómo se destruye todo aquello por lo que has dado la vida,
> y remangarte para reconstruirlo con herramientas desgastadas.
>
> Si puedes apilar todas tus ganancias
> y arriesgarlas a una sola jugada;
> y perder, y empezar de nuevo desde el principio
> y nunca decir ni una palabra sobre tu pérdida.
> Si puedes forzar tu corazón, y tus nervios y tendones,

a cumplir con tus objetivos mucho después de que estén agotados,
y así resistir cuando ya no te queda nada
salvo la Voluntad, que les dice: "¡Resistid!".

Si puedes hablar a las masas y conservar tu virtud.
O caminar junto a reyes, sin menospreciar por ello a la gente
común.
Si ni amigos ni enemigos pueden herirte.
Si todos pueden contar contigo, pero ninguno demasiado.
Si puedes llenar el implacable minuto,
con sesenta segundos de diligente labor
Tuya es la Tierra y todo lo que hay en ella,
y —lo que es más—: ¡serás un Hombre, hijo mío!

Diego trabajó para hacer su sueño realidad e incluso cruzó la meta por delante de sus propios sueños. Gracias Diego, por servirnos de guía a los que tenemos ilusiones y demostrar que se pueden cumplir siendo una persona cercana.

37

Terminar viendo a Iván Tejero enganchado a correr por la montaña no es extraño. Yo mismo he sufrido en mis carnes ese poder de hacer deporte en plena naturaleza. Mis últimas experiencias deportivas están relacionadas con el *trail* de montaña. Había dejado la natación para tener más tiempo para escribir. Pensé que con media hora, empezando a correr desde casa y terminando en mi propia puerta, economizando tiempo, podría mantenerme en forma. Y no me faltaba razón. Al principio así lo hice, comprobando que correr me seguía costando mucho como siempre había ocurrido, aunque con el paso de las semanas, fui encontrando un ritmo cómodo que me hacía aguantar. El problema es que los que llevamos ADN deportivo en la sangre siempre queremos más. Al principio, empezaron siendo tres salidas semanales, después cinco y después ampliando el tiempo de algunas. Tener como amigos a deportistas, también me impulsaba. Y entonces empecé a descubrir caminos por mi entorno, sobre todo el que me llevaba desde casa hasta los pies de la sierra por un pinar bastante bonito, o el que me adentraba en la vega. Recorrer estos caminos me llevaba más tiempo de media hora y todo aquello me fue enganchando. Uno de los trabajos que había estado haciendo durante aquellos años propició que ocurriera lo que tendría que ocurrir, que me plantara en la línea de salida de una carrera de montaña. Cuando en 2013 se organizó por primera vez una maratón de montaña en Antequera, me ocupé de hacer de *speaker* de la prueba. Después de varias horas narrando cómo participantes de todo tipo y de ritmos muy diferentes cruzaban aquella meta tras 42 kilómetros y buenos desniveles por la sierra, llegué a casa con la sensación de que algún día debería intentar hacerlo yo. En 2013 todavía estaba

134

nadando, pero los organizadores me siguieron llamando y durante varios años, aquella sensación frente a la meta del Desafío Sur del Torcal se seguía repitiendo.

Año tras año me reencontré con deportistas que repetían. En varias de aquellas ediciones de la carrera pude hablar con él. Era conocido a nivel nacional y no faltó a la maratón de montaña que se celebraba no muy lejos de su casa. Quizá haya sido el corredor más atípico de la historia, pero uno de los que más inspiración ha propiciado a quienes han compartido salida con él o algunos instantes de prueba. Hablo de Francisco Contreras Padilla, conocido popularmente como Superpaco. Aquel hombre con vestimenta de trabajo de campo, con sombrero de pleita y agarrado a una vara de laurel, con alimentación convencional de habitante de un pueblo rural, con setenta y muchos años de edad, era la sensación de cada carrera a la que acudía. En concreto, la prueba de Antequera se le quedaba corta y no solo hacía la maratón, sino que además hacía a pie los más de 40 kilómetros entre su casa en Estación de Cártama hasta Antequera. Era el más veterano de todos y también el más humilde de todos, costaba sacarle las palabras, pero no una sonrisa. El 22 de octubre de 2019 nos dejaba a los 81 años, pero su huella sigue estando muy presente entre la comunidad de corredores del sur de España, mucho más grande en la provincia de Málaga y en todo el fenómeno que suponen los 101 kilómetros de Ronda.

Muchos pueden pensar que Superpaco era tan solo un personaje más de los muchos que pueblan el deporte y que buscan tener popularidad. Pero Superpaco solo buscó ocupar su tiempo, evadirse de la tristeza. La popularidad se la dieron los demás, nunca ha sido por él mismo. Superpaco pasó toda su vida en el campo, cultivando la tierra junto a 27 años trabajando en una fábrica de algodón. Le tocó vivir los duros años de la posguerra en una zona geográfica donde faltaba de todo y pudo sacar adelante a su familia junto a la mejor compañía que pudo tener, su mujer. Precisamente, tras la muerte de su esposa comenzó su dedicación a la carrera. Aquella marcha le provocó la pérdida más importante que tuvo en toda su vida. Correr empezó a ser una huída del dolor, una escapatoria, y no dejó de correr hasta sus últimos días. Los fines de semana, se levantaba a las dos de la madrugada, se tiraba al camino y regresaba a casa a la hora del desayuno. Hacía unos 40 kilómetros totalmente a oscuras. Cuando empezó, algunos creyeron que su salud podría correr riesgo, pero a él le ayudó.

En aquellas ocasiones en las que le acerqué el micrófono, siempre decía lo mismo. «Esto no es nada, no he hecho nada». Pero más allá de aquella humildad, Superpaco escondía un carácter y una filosofía de vida que de aplicarse en el deporte en general, harían que todo fuese mucho mejor. «La felicidad la tiene que crear uno», dijo Superpaco en un documental que rodaron en su casa. No le terminaba de convencer todo lo que se generó en torno a su figura ni su apodo: «Eso de Superpaco no es para mí, yo soy uno igual que todos». Para él, y a partir de él para otros muchos, la felicidad es saber valorar lo que cada uno tiene, disfrutar de los momentos que nos da la vida. Él, tras el revés de la muerte de su esposa, reencontró cierta felicidad en aquellas noches de carrera en solitario o corriendo entre hombres y mujeres muchísimo más jóvenes que él por las montañas de Jarapalos, por los pueblos del valle del Genal, por el norte de España o fuera de nuestras fronteras. Agradeció cada aplauso, cada grito de ánimo; no dudó en participar en aquellas carreras a las que lo llamaron, en asistir a centros educativos para contar su experiencia o en colaborar en causas solidarias; Superpaco ha sido el mejor *coach* para muchos por trascender la distancia, la edad y los límites de la mente. Se alejó de cualquier culto a la imagen y se centró en encontrar la felicidad.

8 de abril de 2017. Superpaco estuvo por penúltima vez en la salida del Desafío Sur del Torcal. Unos meses antes, yo le había dicho a la organización que ese año no podría hacer de *speaker*, que participaría como corredor. Hasta la fecha, la carrera más larga que había finalizado había sido de 10 kilómetros, llana y por asfalto, aunque sí había entrenado bastante y siguiendo una planificación para poder finalizar aquella maratón de montaña con 1.500 metros de desnivel positivo. Mes y medio antes, había realizado 33 kilómetros de un ultra trail bastante duro del que me tuve que retirar, algo que supuso la primera retirada de mi vida, pero que estaba prevista. Hubo quien me tachó por loco porque para esto de la carrera de montaña hay que tener mayor bagaje, pero en la prueba de Antequera, el cierre de control era lo suficientemente amplio como para incluso hacer la prueba andando, quería cruzar aquella meta, aunque, sobre todo, intenté mentalizarme de que más importante que cruzar la meta era disfrutar cada paso, aunque tuviera que dejarlo a medio camino.

Puede que tú al leer estas líneas, si estás acostumbrado a hacer distancias largas corriendo y con buenos tiempos, no lo entiendas.

Pero para mí, el simple hecho de estar en aquella salida junto a otros 1.000 corredores, era ya todo un premio. Recupero aquella expresión de «la meta de estar en la salida». La comparto. Ponerse en la línea de salida de un *trail* supone haber completado muchas sesiones de entrenamiento. En mi caso, volví a tener que recurrir a madrugones, fines de semana e incluso alguna salida nocturna. En aquellas jornadas, descubrí el silencio de la montaña, los distintos sonidos de mi respiración, el surco de mis pisadas, la posibilidad de desconectar y viajar mentalmente a cualquier lugar mientras corres. Y allí estaba, en la salida. Lo hice además con todos los amigos de mi club, con una prueba que comenzaba transitando por las calles de mi ciudad, que rodeaba la sierra del entorno en el que me he criado, algo muy especial. Disfruté mucho aquellos previos y los primeros momentos de la prueba.

Aunque nadando había hecho grandes distancias, cuando corres a pie es muy diferente. Durante la prueba sufrí toda una montaña rusa de sensaciones. Curiosamente, iba mejor en las subidas cuando la mayoría tenía que andar, o en los descensos muy abruptos a los que no tengo demasiado miedo. Lo pasaba peor cuando el terreno era favorable para correr a ritmos más altos. Hubo un momento especialmente malo antes de llegar a la media maratón por un dolor en un muslo, pero tras comer, hidratarme y comenzar el siguiente puerto, se me fue pasando. De hecho, volví a disfrutar surcando una zona que era desconocida para mí y que me pareció espectacular en cuanto a belleza. En los últimos tres kilómetros, volví a tener un bajón increíble. Forcé un poco el ritmo viendo que la meta se acercaba, sufrí una pájara, pero la meta estaba ya muy cerca, podía ver el centro de atletismo, escuchar al *speaker* y, aunque perdí muchos puestos en aquellos metros finales, era lo de menos. En la bocana de entrada, estaban mi mujer y mi madre. Solo quedaban 200 metros, 200 metros a cámara lenta para terminar superando aquella meta que me supo a gloria. 6 horas y 4 minutos, puesto 455 de 855 *finishers*. Aquella meta, pero sobre todo, lo experimentado en aquellas 6 horas hizo que el esfuerzo para llegar allí valiese la pena. Desde el I Desafío Sur del Torcal se me quedaron grabados los rostros de satisfacción y emoción de corredores y marchadores cruzando aquella meta. Ahora, el rostro que estaba así era el mío.

38
UN RECTÁNGULO AL QUE MIRA MEDIO PLANETA

Dice el triple campeón del mundo de *trail*, Luis Alberto Hernando, que entrenar en plena naturaleza permite disfrutar del placer de poder detenerse ante un paisaje increíble y poder hacer una foto o, simplemente, meditar. Sin embargo, la mayoría de deportes se desarrollan en lugares cerrados o, aunque sean abiertos, están acotados y tienen una pista con unas dimensiones limitadas. Eso no impide que el manantial de historias que se desarrollan en esos lugares sea enorme y estén llenas de emoción. Hasta el momento apenas he hablado de fútbol, quizá sea el momento de hacerlo. Un campo de fútbol suele tener entre 7.000 y 8.000 metros cuadrados. Es, sin duda, el fragmento de terreno mejor aprovechado en toda la historia de la humanidad por el número de miradas que genera y la de grandes historias que han sucedido en los estadios.

Sí, el fútbol es aquel deporte que me llevó a chupar mucho banquillo cuando era un niño gordito y a sufrir decepción tras decepción, pero en el que me convertí en un experto a fuerza de ver partidos y programas en la tele, escuchar retransmisiones en la radio y leer páginas de periódico. Cuando me di cuenta de que no valía para el deporte siendo solo un niño de 10-12 años, descubrí que podía dedicarme al fútbol o al deporte desde otro punto de vista, como periodista. Sí, desde pequeño elegí profesión o esta profesión me eligió a mí. Ya en el patio del recreo jugaba a retransmitir los partidos e incluso creé un canal de radio imaginario. Fue así. Mi infancia y mi juventud estuvieron marcadas por el consumo de deporte y, especialmente, fútbol en grandes cantidades. Lo que son las cosas, habré pasado 25 años de mi vida enganchado al fútbol, me ha dado de comer en algunos momentos y hoy debo reconocer que me genera algo de hastío. Sí, siento decirlo porque guardo amigos que viven de este deporte, a los que les apasiona el fútbol, pero yo ahora mismo le tengo cierto recelo, aunque no sé si será definitivo. Esto hace que recuerde alineaciones de la década de los noventa o de la primera de los 2000, pero que desconozca a la mayoría de jugadores que en la actualidad participan en la liga de primera división.

¿Por qué este desapego hacia el deporte más importante? Una visión puede ser que cuando consumes tanto algo que te gusta, termina por hartar y cansar. Sin embargo, no creo que esa sea la causa. Por un lado, la mercantilización del fútbol, el trato del deporte como producto publicitario, los sueldos desproporcionados, la violencia, el fanatismo y la alta influencia de directivos y responsables federativos, ha hecho que cada vez me sintiera más alejado del fútbol actual en cuanto a valores. Es verdad que hay mucho trabajo desde la base, inculcando educación deportiva, pero con el tiempo, todo eso se desvirtúa y yo lo he vivido en primera persona.

Por otro lado, mi llegada al periodismo y, en momentos puntuales, al fútbol de alto nivel, me hizo ver que aquel sueño de niño de narrar grandes partidos o entrevistar a grandes jugadores ha terminado siendo decepcionante. No olvidaré nunca el día que debuté narrando un partido de primera división, un Málaga-Zaragoza en La Rosaleda. Me terminaron pagando una cantidad tan baja que no merece la pena ni mencionarla. Y eso que salí de mi casa a las dos de la tarde y regresé a las doce de la noche. Entre la preparación, las conexiones en informativos, el previo, la retransmisión, las ruedas de prensa, el post partido, el programa nocturno… Toda una locura, teniendo además en cuenta que ese día estaba solo en el estadio, es decir, no conté ni con técnico de sonido, ni con compañero para hacer las labores de inalámbrico, por lo que incluso tuve que inventar algunas respuestas a preguntas que me hacían desde Madrid para salir del paso como podía. Recuerdo en concreto una: «¿Dónde va a ver el partido Manuel Pellegrini?». Se referían al entrenador del Málaga que no podía sentarse en el banquillo por sanción. Yo, sin tener ni idea, me lo inventé: «En la grada, muy cerquita del banquillo». Creo que acerté porque nadie dijo lo contrario.

En los buenos años del Málaga CF, cuando se hizo con la propiedad del club el jeque Al-Thani, alternaba mi trabajo en la radio de Antequera con labores en la emisora de Málaga. Hacía el programa de deportes provincial los viernes y cuando mi compañero viajaba. También me ocupaba de coordinar desde la emisora las retransmisiones de los partidos del Málaga cuando jugaba en casa. Pudimos contar cómo el Málaga se clasificaba para la Champions, cómo derrotaba a equipos históricos como el Milán, cómo se plantaba en cuartos de final en la competición europea y cómo era eliminado en Dortmund por un colosal fallo arbitral. Jugadores como Toulalan, Joaquín, Cazorla o Baptista, entre otros muchos importantes, pasaron por el club de la Costa del Sol en aquella época dorada. Quizá, de esos meses son mis últimos buenos recuerdos de fútbol, aunque con importantes contrastes. Cada vez que el Málaga jugaba un partido de Champions, llegaba a casa a más de la una de la madrugada. Y al día siguiente, había que volver a trabajar por la mañana temprano. Pero además, lo mismo el sábado por la tarde jugaba el Málaga y tenía que trabajar, que por la mañana tenía que estar en un partido de balonmano y al día siguiente en uno de fútbol de tercera division. Así cada fin de semana, teniendo además que trabajar de lunes a viernes sin descanso en la radio junto en otros empleos, ya que ni siquiera estaba contratado como trabajador, era un *freelance* dado de alta como autónomo que no podía decir que no a ningún trabajo porque no se lo podía permitir debido a deudas que habían quedado por los errores del pasado. ¿Ves cómo tampoco es tanto tener que levantarse a las seis para estudiar, escribir o salir a correr? Mucho peor es hacerlo para un trabajo que no te llena. Lo cierto es que pese a todo ese esfuerzo, incluso a estar bien situado en una emisora de radio, todo era un espejismo sin base, era un falso autónomo sin estabilidad laboral. Pero aunque hubiese tenido un buen sueldo y un buen contrato, los horarios del fútbol y los días de partido son los que son. Llegaba a casa cuando mi mujer ya estaba dormida y empecé a pensar que si quería formar una familia, no podía seguir así. Reconozco que en mis últimos tiempos como periodista, ya con las deudas rebajadas, aprendí a decir que no a algunos trabajos y empecé a seleccionar mejor los partidos o eventos a los que iba. Al menos en mi caso, mantener el sueño de ser locutor retransmitiendo partidos de fútbol, iba a lastimar mi vida personal y familiar y eso debe ser intocable.

Pero el caso del Málaga C. F. sirve para ilustrar lo que he contado ya en otros pasajes de este libro. Un jeque árabe llega a un club de fútbol de Andalucía, invierte en fichajes, pero después deja de pagar, intenta vivir del propio club a costa de ir vendiéndolo todo, se pone un sueldo millonario y lo que hace es llevárselo todo por delante. Al final, el Málaga, que fue la revelación de la Champions en 2013, terminó en Segunda División y en concurso de acreedores, la situación actual es mucho peor que la del club que encontró el jeque cuando llegó.

Cuando el deporte se convierte en negocio se llena de espejismos. Me he pateado muchos campos de tercera división y categorías regionales y ahí, lo que se ve, es lo que hay. Ese fútbol, ese fútbol de verdad, de olor a cuero y Reflex… creo que ese sí lo podemos considerar deporte en esencia, aunque también hay directivas equivocadas que intentan profesionalizar plantillas en clubes sin masa social por intentar el ascenso.

Ya sea en primera o en tercera, un partido de fútbol consta de 90 minutos más el tiempo de descuento. Lo son de carrera a distintos ritmos, de pulsaciones rozando lo sobrehumano. Marcaje, robo, salida a la contra, parada, cambio de posición, desmarque, recepción, pase, robo de balón, disparo, mirada al compañero, orden aquí y allá, protesta al árbitro, entrada, falta, acción defensiva, ataque… Pero si el futbolista de primera viaja cómodamente, tiene un vestuario con las mayores comodidades y todo lo que precisa, en categorías inferiores la realidad es otra diferente. En poco más de una hora y media, el futbolista de tercera división se ha dejado la piel en un campo lejano a casa, con un césped de mala muerte, con la grada pegada a la línea de banda, con espectadores con cubatas en la mano que increpan al rival y a los árbitros, contra rivales curtidos en mil batallas que ahorran con una patada una carrera de 30 metros, o capaces de soltar una zancadilla o un codazo que ningún árbitro ve, pero que puede lesionar durante meses. Terminan los 90 minutos, el futbolista de tercera división ha sido capaz de marcar un gol, de celebrarlo, de pensar que podía ganar el partido, pero su equipo ha perdido en el último minuto. Ha sido un gol de rebote, varios remates dentro del área, varios despejes, solo el último entró, el balón llorando rebasó la línea de meta. Pudo ser fuera de juego o falta, pero ni el árbitro pitó, ni el asistente levantó el banderín. El equipo rival lo celebró intensamente, los jugadores se abrazaron mientras él recibía algunos insultos y cortes de manga desde la grada. Se escapó el único botín que podían haber ganado, los puntos, porque ni él ni la mayoría de sus compañeros cobran por jugar. No cobran pese a que se juegan la piel en cada campo y pese a que defienden unos colores y a una ciudad por varias provincias. Una semana más seguirán mal clasificados; el futbolista notará cómo hablan de él cuando camina por la calle, incluso intuirá algunas críticas de sus vecinos al volver en ese incómodo autobús: «Estos son los que vuelven de perder otra vez». De momento, allí queda, pensativo durante unos minutos, en ese campo infernal, de rodillas sobre la escasa hierba y con lágrimas en los ojos. Es el final de una batalla que arrancó a principios de semana con el primer entrenamiento, cada uno de los celebrados más intenso si cabe que el propio partido, pero no han servido de nada, han perdido. Segundos después, el vestuario se convierte en un velatorio, harán el viaje más largo y más triste de sus vidas. Pero hay algo irrefutable, al día siguiente habrá que continuar, temprano para ir al trabajo: la obra, el campo, el bar, la fábrica, el supermercado, una oficina… y tras toda una jornada laboral, a entrenar. Pero a los de primera les pagan infinitamente más, incluso sin jugar.

Como cualquier chaval que juega al fútbol, yo también soñaba con los grandes campos de Europa, pero creo que he sido más feliz trabajando en campos de tercera. Salir de casa, dos horas, y vuelta, aunque no me pagaran nada extra. También he visto buenos partidos, grandes jugadas y goles imposibles. Y, sobre todo, no se alteraba tanto mi vida familiar.

39

Cuando uno habla de la injusticia de los sueldos multimillonarios en primera frente a los salarios en otros deportes y categorías inferiores, siempre hay quien defiende que el fútbol puede pagar porque es capaz de generar ingresos muy altos. En mi opinión, esa es la afirmación que se salta todo criterio de deportividad y hace que el fútbol termine siendo solo una multinacional más dirigida por un empresario sin escrúpulos. De hecho, los dirigentes no han demostrado en las últimas décadas tener demasiados escrúpulos. Una vez me senté en una rueda de prensa frente al que ha sido durante años y años presidente de la Real Federación Española de Fútbol, Ángel María Villar. Se firmó un convenio con el Ayuntamiento para acoger la final de un campeonato. Cuando le pregunté por el coste que tendría aquello para el Ayuntamiento me contestó que aquella no era una pregunta interesante, que no era lo central del asunto, y no me respondió. Cogí un monumental cabreo que todavía hoy me dura. A la salida, un político me dijo que me tranquilizara, que le quitara importancia y que no estropeara el acto. Y así todo.

Pero claro, el fútbol lo tiene todo a favor: los gobiernos, que saben que es el primer espectáculo del país; las empresas, la afición, los medios de comunicación y hasta la Agencia Tributaria, ya que a sueldos más altos, más ingresan por impuestos. Si es que incluso cuando hay partidos importantes, se reduce el número de atenciones en los hospitales, la gente prefiere quedarse en casa viendo el partido antes que ir a Urgencias pese a que haya algo que les duela.

En 2017, las instituciones de la ciudad galesa de Cardiff estimaron que el partido que disputaron el Real Madrid y la Juventus

144

con motivo de la final de Champions tuvo un impacto económico para la ciudad de más de 53 millones de euros. La ciudad británica también acogió la final de la Champions League femenina a la semana siguiente, además de celebrar el Festival de la UEFA durante la misma semana del partido, para todo ello llegaron 200.000 visitantes.

Eso fue solo en Cardiff porque a nivel mundial fue mucho mayor el impacto con más de 400 millones de espectadores de 200 países. En concreto, la final que el año anterior enfrentó en Milán al Real Madrid y al Atlético de Madrid, excedió los 400 millones de euros de impacto económico, según datos de la escuela de negocios IPAM. En España, se generó el 40% del total al involucrar entonces a dos clubes españoles. Fue un impacto económico en territorio nacional, pero sobre todo en Madrid, ya que la final de Milán repercutió en el consumo en el hogar y en la restauración. Viendo las cifras que genera el fútbol y lo que puede llegar a ganar un jugador de esta categoría, puede parecer incluso lógico que haya padres capaces de pegarse para que sus hijos alcancen algún día este nivel, aunque no deja de ser una bestialidad.

Pero el fútbol también es un deporte al que se le permite lo que a otros no se les permite. El fútbol español arrastraba no hace muchos meses una deuda total de 3.440 millones de euros, debiendo a Hacienda 230 millones de euros. Aunque parecía que empezaba a bajar la deuda, ya que en el año 2008 se superaron los 4.000 millones, a partir de la temporada 2014/15 volvió a subir levemente, según los datos del Consejo Superior de Deportes. Además de la deuda con Hacienda, otras instituciones públicas como la Seguridad Social, gobiernos autonómicos y ayuntamientos sufren este déficit, así como la empresa privada, que es la que acumula más morosidad por parte de los clubes. Todos sufren el fútbol, pero pese a todo les es rentable y también entre todos sustentan este gigante imparable, ya que la mayoría de las voces advierten que parar el fútbol en España supondría ponerse a medio país en contra. A todo esto podríamos sumar, además, el número creciente de futbolistas de élite a los que el fisco ha pillado recientemente evadiendo impuestos. Pues miren, al final el coronavirus ha terminado parando el fútbol durante tres meses, es verdad que el país se ha paralizado y ha entrado en crisis, pero creo que no ha sido precisamente por la falta de partidos de fútbol. No obstante, el debate sobre la reanudación de la competición ha marcado la agenda mediática en muchos momentos de cuarentena y, tras el estado de alarma, el fútbol ha tenido prioridad sobre todos los demás deportes.

Mientras en las altas esferas se permite casi todo y se mueven miles de millones de euros sin conocer muy bien el destino, en países de todo el mundo muchísimos niños no tienen ni un balón digno para jugar, algo que pasa a un segundo plano porque tampoco tienen para comer. Pero no hay que irse tan lejos, ya que en categorías de fútbol modesto, clubes en España acumulan mensualidades a sus jugadores, que difícilmente llegan a final de mes. El listado de clubes desaparecidos en las últimas décadas es muy extenso, dejando en el aire numerosas deudas que jamás se han recuperado. Esto ocurre en el fútbol, pero en otros deportes hay practicantes de primeras categorías e incluso competidores internacionales que tampoco pueden ganarse la vida con todo su esfuerzo deportivo.

Así que te pido que cuando estés viendo en cualquier lugar del mundo la final de Champions o de cualquier otro gran campeonato futbolístico, disfrútala, pero tampoco estaría mal pensar que, mientras tanto, habrá otros muchos deportistas en campos, pabellones o en la calle que necesitan tu apoyo mucho más que las grandes figuras.

40

Conocí a Miguel en sus últimos años de vida. Varias décadas antes había sido conductor de autobús. Era aficionado del Real Madrid, pero natural de la provincia de Granada. En su infancia era capaz de caminar 30 kilómetros solo de ida los domingos para ir a ver un partido de fútbol. Siendo ya adulto, los tuvo más a mano, puesto que durante una época fue el chófer del Granada C. F. Recordaba los gloriosos años en los que el Granada consiguió ser subcampeón de copa o cuando años después fue sexto en la liga. Tenía entonces el equipo rojiblanco una portentosa defensa y un delantero que llegó a ser pichichi, Enrique Porta. A Porta lo obligaron en su primera temporada a ser defensa y no lo hacía bien, apenas jugó cinco partidos. Cuando lo pusieron en su verdadero puesto, hizo historia en un club humilde, que solo en la temporada 2019-20 ha vuelto a llegar lejos en la Copa del Rey, esta vez a semifinals, superando además cualquier logro anterior clasificándose para la Liga Europa.

Pero los vetustos tiempos de gloria granadinista pasaron, el club se hundió en los pozos de las categorías inferiores del fútbol, Miguel aparcó los autocares, y se pasó al blanco madridista, aunque fue además uno de los aficionados más fieles a la selección española. Recuerdo una vez que se le saltaron las lágrimas viendo en la televisión un reportaje de la Eurocopa que España ganó en 1964 con el famoso gol de Marcelino en la final.

Miguel nos dejó y España no había conseguido ganar ni un solo título internacional de fútbol más a nivel absoluto. Solo una parte de aquella generación de aficionados de los viejos campos donde el fútbol se veía de pie, de la televisión en blanco y negro, del transistor y las quinielas, llegó a vivir los momentos más gloriosos de la selección española de fútbol ganadora de dos eurocopas y un mundial de fútbol. Sí, un mundial. Lo escribo ahora diez años después y teniendo en cuenta que la sequía ha vuelto, parece ya cosa bastante antigua, pero mi generación, que también sufrió algunas de las decepciones anteriores, lo disfrutó muchísimo.

Como Miguel, mi abuelo Pepe también era aficionado al fútbol, pero dudo que alguna vez estuviera en el campo. Peleaba con mi abuela cuando había partidos en la tele y recuerdo verlo en las reuniones familiares de los domingos pegado al transistor. Posiblemente, yo me aficionara a la radio deportiva gracias a él, ya que desde pequeño me llamaron mucho la atención aquellos sonidos de locutores que alargaban la palabra gol hasta quedarse sin aire, esos cambios tan dinámicos de voces y escenarios, las canciones de la publicidad y el pitidito telegráfico cada vez que había un gol.

El fútbol entonces ya se había comercializado, ya era una de las principales plataformas publicitarias de este país y los presidentes de los grandes clubes estaban entre las personas con más influencia de España. Creo que en aquella época, el insulto en el fútbol también se había institucionalizado, probablemente viniese de mucho antes o incluso estuviera en su ADN de origen, yo tengo recuerdos de insultos en el campo de fútbol desde que a comienzos de los 90 me escapaba de casa para ir a ver los partidos del Antequera. Veía el partido de tercera división en vivo mientras escuchaba en un walkman con radio el carrusel con los partidos de primera división. Eso quizá suavizaba el sonido de lo que se decía a mi alrededor. Al árbitro, a los linieres, a los jugadores del equipo visitante, a las mujeres y a las madres de todos ellos, incluso a jugadores locales que no rendían como la afición quería. Cuando años más tarde me sentaba en los partidos a pie de campo, no solo escuchaba los insultos que llovían desde la grada, en ocasiones también salían desde los banquillos de los equipos. Pero lo más triste de todo es que en los campos de fútbol base, en partidos entre niños, también ocurría el mismo fenómeno, insulto tras insulto prevaleciendo sobre los ánimos a los jugadores. Y digo yo, ¿cómo es posible insultar a jugadores infantiles? ¿Cómo es posible decir barbaridades a un árbitro o a un entrenador ante niños? ¿Cómo se puede llegar a las manos en la grada de un partido infantil o incluso que un padre le pegue a un árbitro? Pues ha ocurrido y ocurre, lo que multiplica el estrés que sufren muchos niños deportistas.

Esta carta de un niño deportista dirigida a su padre es

anónima, podría haberla escrito cualquier niño o niña deportista sin importar el lugar de España, incluso de diferentes disciplinas deportivas, aunque se ve claramente que es de un deporte de equipo. Ha llegado a mis manos y refleja el lastre que a veces los padres suponen para niños y jóvenes que hacen deporte, ya que en lugar de ser una fuente de motivación o de ayuda se terminan convirtiendo en un foco de presión. Dice así:

> Para Papá:
> Papá, he decidido decirte todo esto por escrito porque creo que cuando nos ponemos a hablar no me escuchas, tú hablas y hablas y yo me tengo que limitar a darte la razón sin que mi opinión cuente. Lo hago ahora en verano porque ha terminado la temporada y todavía estamos a tiempo de planificar la siguiente. Al menos durante estas vacaciones espero descansar, hacer lo que me gusta, jugar con mis amigos, ir a la piscina y a la playa, tumbarme en la cama sin que tenga que ir a entrenar o comerme un helado sin remordimientos.
> El curso ha sido muy duro. Después de toda la mañana en clase, llegar a casa, comer rápido, hacer algunos deberes, ir al inglés unos días, a música otros, después entrenar, volver y hacer los deberes que quedaban o estudiar, cenar, dormir y vuelta a empezar. Los fines de semana toca partido, largos viajes de ida y vuelta, cuando ganamos todo parece que marcha bien, pero cuando perdemos el fin de semana termina siendo muy duro tanto en el campo como en el autobús y en casa.
> Me gusta el deporte, sí, me gusta jugar e incluso entrenar, pero cada vez que miro a la grada y te veo allí con otros padres en pie, tenso, con la cara seria y con esos gritos de ¡Vamos a correr, más intensidad! me metes presión, mucha presión. A veces incluso estás con el cronómetro, buscas tácticas en internet, estás siempre analizando los resultados, las estadísticas, las sanciones, los rivales... y ya desde el lunes intentas acertar la alineación. Yo solo quiero decirte que no me importa si de vez en cuando fallo un pase o si marco menos goles, incluso no pasa nada si algún partido estoy en el banquillo. Yo estoy en un equipo para disfrutar, hacer algo que me gusta, no creo que pueda ganarme la vida con esto, para tener una salida profesional ya estoy estudiando y el deporte para mí es un premio que debería servirme para disfrutar con los niños de mi edad.

Además llegan los partidos y vienen todos esos insultos... al árbitro, a los jugadores rivales, al entrenador cuando hace un cambio que no te gusta o hasta a mis propios compañeros... no lo entiendo, de verdad papá, esto es un deporte de equipo y, si falla uno, fallamos todos por lo que si insultas a algún jugador de mi equipo me estás insultando a mí y ya sabes los viajes de vuelta que me das a veces criticando tanto a mi entrenador como a mis compañeros e incluso a mí mismo.

Y después viene el tiempo de comer, de las meriendas... recuerda que soy un niño y estoy creciendo, no creo que sea bueno que intentes que me alimente como un deportista profesional y te voy a decir otra cosa. Me gustan las chucherías, me gustan los bollos y los bocadillos y aunque delante de ti no los coma, hasta mamá me da a veces a escondidas y sigo corriendo igual de bien.

Pero que sepas que en parte te comprendo. En tu niñez quisiste ser futbolista y no tuviste la oportunidad, tuviste que trabajar antes de tiempo y eso te hizo dejar el deporte y comprendo que quieras que yo sea lo que tú no pudiste ser, pero entiende que la persona que se pone la equipación y busca disfrutar con lo que hace, soy yo y no tú. De hecho, no me importa perder un partido porque sé que lo doy todo siempre, busco hacerlo lo mejor posible y eso para mí es el mejor premio. Encima este verano no dejas de buscar pruebas en otros equipos o contactos de representantes. Si puedo ir a un equipo mejor estaría perfecto, pero siendo infantil no me obsesiona porque estoy a gusto con mis compañeros y me siento parte de ellos, disfruto mucho con mis amigos.

Papá, creo que hay un problema, yo no tengo temor a perder, parece que tú lo tienes más que yo, lo que sí tengo temor es a tus broncas después de los partidos, a tus discusiones con otros padres e incluso con el entrenador y a veces ese temor se convierte en miedo a que algún día todo ello provoque alguna pelea en el campo, todo esto me está haciendo odiar los partidos, de ahí que vea necesario que tengamos que reflexionar durante este verano para que la próxima temporada los dos podamos dedicarnos a disfrutar del deporte o, de lo contrario, quizás sea mejor dejarlo.

Un beso de tu hijo que te quiere.

Con todo esto tampoco quiero generalizar, ya que durante mis años como deportista y como periodista he conocido a padres que han sido ejemplares en la conducta hacia sus hijos y familias de deportistas modélicas. También sé del esfuerzo que muchos clubes y muchas escuelas de fútbol están haciendo para cambiar todo esto, generando buenas actitudes y un trabajo en valores. Creo que finalmente lo conseguirán y la imagen cambiará.

A todos nos gusta ganar, pero cuando realmente deben llegar los resultados no es en la infancia, sino cuando el deportista alcanza la edad absoluta. Mientras tanto, la formación y la diversión es lo importante, sin olvidar que para la mayoría de los niños y niñas que hacen deporte, será algo pasajero, muy pocos consiguen dedicarse profesionalmente a ello. En mi caso, me gustaría mucho que mi hijo practicara algún deporte, que sintiera lo que es la competición, pero sobre todo que se divierta y que se contagie de los valores positivos que el deporte es capaz de aportar. Le dejaré elegir el que quiera, aunque no sea los que yo he practicado. No me enfadaré si decide cambiar o dejarlo y lo animaré sea cual sea el resultado; las celebraciones deben llegar cuando se aprende algo y en la mayoría de ocasiones, es en las derrotas cuando más aprendemos.

41

No quiero que estos capítulos se conviertan en un manifiesto antifútbol. Sin duda, hay que destacar las muchas grandes historias que ha generado este deporte inventado por los ingleses. Yo he vivido de cerca algunas. De hecho, cada fin de semana se dan movimientos sorprendentes y muchos de ellos no se llegan a conocer. En la temporada 2007/08, el Antequera, aquel equipo que veía jugar desde que era un niño, ascendió a segunda división B. Habían sido varias décadas hundido entre la tercera división y la regional. La primera eliminatoria de ascenso se jugó frente al Narón, un equipo gallego, de un pueblo cercano a Ferrol, por lo que el desplazamiento suponía tener que recorrer casi 1.100 kilómetros de ida y otros tantos de vuelta. Aquel año, yo estaba trabajando en la televisión local y dimos los partidos de la fase de ascenso en directo. El desplazamiento hasta Narón lo hice en el autobús de aficionados. Pude hacerlo en avión, sí, pero quise incrustarme entre los aficionados de los que me sentía parte. Era un grupo de lo más variopinto en el que iban desde adolescentes a algunos de los aficionados más mayores y que habían vivido el único ascenso anterior en la temporada 81/82. 2.200 kilómetros por carretera, un día entero en un autobús, para un partido que terminó 0-0. Y pese a todo volvimos tan felices porque el resultado a domicilio era positivo. De hecho, sirvió para superar aquella eliminatoria y el equipo además ganó la siguiente frente al Caravaca de Murcia. En la tarde del último partido, con la victoria definitiva, hubo fiesta con baño en una de las fuentes de Antequera. Un conocido se me acercó: «La de veces que has jugado a narrar un ascenso siendo un niño y esta tarde te hemos visto contarlo de verdad. Y del Antequera».

Puede que sea una simple anécdota, pero es mi anécdota, de las miles que se dan cada semana entre jugadores, entrenadores, periodistas y aficionados.

Hay historias que se quedan en lo anecdótico y otras que tienen la posibilidad de trascender porque van más allá. Posiblemente, uno de los mayores movimientos solidarios que jamás he conocido fue cuando Alberto Zoilo, un joven futbolista cadete, sufrió en 2010 un accidente en la playa y su cuerpo quedó completamente paralizado. Al conocerse la noticia y viendo las necesidades económicas para costearle un tratamiento, compañeros, técnicos, familias de futbolistas, jugadores profesionales y aficionados de numerosos pueblos se movilizaron recaudando fondos a través de la organización de actividades de todo tipo. Se demostró que cuando alguien relacionado con el fútbol tiene un problema, todo su entorno funciona como una gran familia. Alberto logró recuperarse en un centro especializado en Toledo. Al regresar, se encontró con la dureza de saber que no podría volver a jugar al fútbol. Sin embargo, no se desligó de este deporte y recientemente ha comenzado su trayectoria como entrenador, sigue disfrutando desde el banquillo.

Un tiempo después del accidente de Alberto, a más de 7.000 kilómetros de distancia, en Miami, otro joven deportista llamado Mariano Funes llevaba dos meses en estado vegetativo después de un accidente de tráfico. Circulaba en moto cuando fue atropellado por un camionero que dio positivo en alcoholemia. Los médicos recomendaron hablarle para que las voces familiares llegaran a algún recuerdo de su memoria. A su hermano Diego se le ocurrió ponerle al lado el teléfono móvil con la narración de Víctor Hugo Morales del gol de Maradona a Inglaterra en el Mundial del 86. Al oírlo, Mariano movió un brazo y mostró síntomas de reacción. Después de cuatro meses en cuidados intensivos y seis meses hospitalizado, volvió a casa recuperado. Sin duda, es parte de la magia del fútbol.

Si es uno de los deportes más practicados y el más seguido, el fútbol es el deporte que más y mejores historias de superación genera, no tengo duda. Durante todos estos años, he conocido a muchos futbolistas que entrevisté por primera vez en categorías inferiores, que apenas se atrevían a hablar ante el micrófono, gente muy humilde que ha terminado llegando a lo más alto convirtiéndose en auténticos referentes. La mayoría se ha quedado por el camino o les ha tocado pelear en los campos de divisiones más bajas, algo que también tiene mucho mérito, también ahí han demostrado su progresión. Creo que cuando se insiste y se trabaja duro, tanto el que llega a la cima como el que se queda en categorías más bajas merece un respeto, a veces son solo pequeñas diferencias, la suerte o estar en el lugar apropiado, lo que endereza o desvía el camino. Yo no sé si terminaré volviendo a los estadios de fútbol, pero lo que sí voy a seguir haciendo será fijarme más en esas pequeñas historias que se producen en los campos antes que en quién será el campeón de liga.

42

LOS ATAJOS SIRVEN PARA VENCER, PERO NO PARA CONVENCER

No recuerdo exactamente si estaba en sexto o en séptimo de EGB, pero sí que participaba en casi todas las carreras de mi ciudad porque sumaba nota para Educación Física, aunque me quedase el último como solía ocurrir siempre. Sin embargo, en una de aquellas carreras, decidí hacer algo diferente. Es decir, decidí hacer trampa, lo confieso. Era una carrera urbana de cinco kilómetros donde todas las categorías corrían mezcladas. Tomé la salida con normalidad y, en un cruce, giré hacia el lado por el que no continuaba el recorrido. Tomé una calle que hacía de atajo y me reincorporé a la carrera más adelante en una posición relativamente delantera. Iba corriendo y veía cómo poco a poco me cansaba y me iban adelantando más y más corredores, así que opté por hacer otra vez lo mismo: nueva salida del recorrido para tomar otro atajo. Me acerqué a un punto del circuito que estaba a unos 500 metros de la meta, esperé a que pasaran los primeros corredores adultos para no levantar demasiadas sospechas y, cuando vi que llegaba el primer corredor de mi edad, disimuladamente me incorporé de nuevo a la carrera, fresco como una lechuga. Terminé entrando en meta sufriendo menos que nunca, en la mejor posición que jamás haya hecho y con el aplauso y la felicitación de mi maestra de Educación Física. Casi toda la gente se sorprendió y los chicos de mi clase me pidieron explicaciones. Yo reconocí que había hecho trampa, pero no debí ser el único porque pese a no haber hecho ni un cuarto del recorrido, ni siquiera subí al podio de la clasificación de los infantiles.

Lo que ocurrió aquel día, algo de lo que todavía hoy me

155

arrepiento aunque se tratara de una chiquillada, no lo he vuelto a repetir nunca. Y no lo he hecho porque no me siento nada orgulloso. Lo importante no creo que sean los aplausos o la posición, sino sentirse en paz con uno mismo, una vez que eso se produce, ya puedes luchar por lo que sea, lógicamente por marca y resultado, pero hay que ser honrado.

En las travesías a nado, una de las formas más conocidas para ganar tiempo es trazar los giros en el recorrido, en lugar de por el exterior de la boya de señalización, por el interior. Reconozco también que, en las primeras que hacía, llegaba muy agobiado a los giros de dirección. Además del cansancio, en estos momentos hay mucha acumulación de nadadores en poco espacio y para evitar aquel atasco entre olas y agua salada, recortaba por el interior. Una vez, en una travesía en Marbella, un nadador que llegó a la meta justo detrás de mí, me echó una bronca monumental por aquello. Ninguno de los dos habíamos ganado, pero era lo de menos, todo participante de una prueba deportiva hace un gran esfuerzo sea cual sea la posición y si alguno de ellos comete trampa, ya está faltándole el respeto a todos los demás. Desde entonces decidí que no iba a saltarme más boyas y el tiempo me demostró que, además de ser gratificante terminar una prueba cumpliendo todas las reglas, mucho más efectivo que trazar boyas por dentro, era entrenar más y perfeccionar la técnica de nado en aguas abiertas. Varios veranos después, acumulé buenos puestos en travesías a nado, sin tener que recortar en las boyas, lo que redondea mucho más la satisfacción, ya que está exenta de puntos negros.

Puede que esto que he contado te parezca una picardía de niño o una artimaña sobrevenida por un momento de agobio en el agua, pero para mí, son dos agujeros negros dentro de mi trayectoria como deportista. Sí, deportista humilde y sin grandes éxitos, pero importante para mí y para quienes me han acompañado. Nunca había hablado de esto hasta la fecha, quizá me esté quitando un peso de encima haciéndolo y, probablemente, te parezcan niñerías comparadas con algunas de las historias que te voy a contar a continuación.

43

Se llamaba Fred Lorz y era un atleta local que participaba en la prueba de maratón de los Juegos Olímpicos. Sorprendió entrando en meta en primer lugar. Fue en San Luís 1904, una prueba finalizada por 14 corredores con unos tiempos bastante modestos si se comparan con los que se hacen al correr maratón hoy en día. Lorz hizo 3 horas y 13 minutos en un recorrido que solo tenía 38 kilómetros, haciendo además parte de la prueba en coche. Sin embargo, esta carrera está rodeada de numerosos incidentes y anécdotas.

Aquel 30 de agosto de 1904, Fred Lorz estuvo a punto de colgarse la medalla de oro. Por el recorrido, apenas había testigos, recordemos que era 1904 y el seguimiento era mínimo. Sin embargo, cuando estaba comenzando la ceremonia, un espectador gritó «¡Pero si ha hecho más de la mitad del recorrido en auto!».

Ante aquella denuncia pública, Lorz tuvo que reconocer que solo se trataba de una broma. Terminó siendo descalificado y suspendido para todo tipo de pruebas deportivas durante un año, aunque le levantarían la sanción algo antes de cumplirla completamente.

Lorz había comenzado con mucha fuerza la prueba, pero cuando llevaba 9 millas estaba ya exhausto. De hecho, en San Luis en agosto el calor es muy intenso, con mucha humedad. Para colmo, la carrera comenzó a las 14.30 horas. A la temperatura se le unía que parte del recorrido no estaba pavimentado. Un grupo de caballos que hizo el recorrido antes que los corredores, junto a los coches que seguían la carrera, comenzaron a levantar nubes de polvo que asfixiaban a los deportistas. Además, para hidratarse, el único punto de agua era un pozo que había en la milla 12.

Cuando Lorz entró en el estadio de Saint Louis ya se había retirado. Lo había hecho en la milla 9, cuando se subió en el coche. Iba tranquilamente fumándose un cigarro en el automóvil, pero este se averió, por lo que tuvo que bajarse de él. Ya recuperado, decidió volver al estadio corriendo como entrenamiento. Sin embargo, cuando se aproximó a la meta aún no había llegado ningún atleta, el público estaba cansado de esperar y al verlo en la lejanía el gentío estalló en vítores, algo que aumentó siendo un atleta de la ciudad.

Fue entonces cuando Lorz se dio cuenta de que nadie en el estadio sabía que se había retirado e intentó seguir el juego y ver hasta dónde podría llegar aquello. Corrió alrededor del estadio y cruzó triunfalmente la línea de meta. Sería más tarde cuando recibiría la descalificación.

Al final, otros desfallecieron, pero insistieron y cruzaron la meta cumpliendo todo el recorrido. Les terminó mereciendo la pena. El ganador legal, Thomas Hicks, terminó obteniendo la medalla de oro caminando durante parte del recorrido, se dice incluso que él y otros atletas estuvieron al borde de la muerte por las duras condiciones debidas al calor.

Por aquel momento de gloria, Lorz ha pasado a la historia como uno de los presuntos tramposos más grandes de la historia olímpica. ¿Se imaginan que nadie lo ve montarse en el coche?

El correctivo para Lorz sirvió en gran medida para su enmienda, ya que se dedicaría a entrenar, se disculpó e incluso dicen algunas fuentes que su intención nunca había sido la de engañar. Lo cierto es que en 1905, logró ganar la Maratón de Boston con un tiempo de 2 horas, 38 minutos y 25 segundos.

El podio de aquella maratón olímpica de San Luis fue completado por otros dos estadounidenses: Albert Coray y Joseph Forshaw, aunque el cuarto clasificado, el cubano Félix Carvajal, también pasaría a la historia. Sin financiación de su país, se jugó en Nueva Orleans su dinero para el viaje hasta San Luis en una partida de dados. Tuvo que recurrir al autostop y a saltar vagones para llegar hasta la ciudad de los Juegos Olímpicos. Tomó la salida con ropa de calle, cortando los pantalones por la rodilla con las tijeras que un lanzador de disco le había prestado. El día anterior había podido comer por la caridad de unos levantadores de pesas estadounidenses.

Algunas fuentes apuntan que Carvajal sintió tanta hambre durante la carrera, que se detuvo en un huerto de manzanas para comer. Sin embargo, las manzanas estaban podridas, causándole un dolor de estómago que le hizo tener que acostarse. Tras dormir la siesta, Carvajal se rehizo y aún pudo terminar la maratón en cuarto lugar. Sea como sea, en mi opinión, lo que hizo Carvajal es memorable, tanto o más como los que consiguen medalla olímpica teniendo medios para ello, condiciones apropiadas y ayuda.

Pero si hablamos de tramposos en la maratón, no nos podemos olvidar de la que ha quedado como la mayor tramposa en maratón de todos los tiempos. Alguien con tanta cara que tomó el metro para acortar recorrido. La cubana Rosie Ruiz ganó la maratón de Boston en 1980 rebajando en 25 minutos la marca que había obtenido 6 meses antes en la maratón de Nueva York. Aquello provocó sospechas entre el resto de corredoras y en la organización, ya que era la tercera mejor marca de la historia de la maratón. De hecho, Ruiz marcó un crono de 2 horas, 31 minutos y 56 segundos, a solo 4 minutos del récord del mundo que entonces tenía la noruega, Grete Waitz. La investigación determinó que había cogido el metro para acortar recorrido.

Bill Rodgers, ganador de la prueba masculina, fue el primero en sospechar. Le extrañó verla en la rueda de prensa respirando con normalidad, mientras él todavía jadeaba y sudaba exhausto. Además, ningún participante recordaba haber corrido junto a Ruiz durante la prueba.

La organización empezó a revisar vídeos y fotos, el posible fraude empezó a correr como un rumor y detectaron la ausencia de Ruiz en algunos puntos del circuito, aunque la prueba más importante en su contra la aportaron dos estudiantes de una universidad femenina donde se jalea a la primera mujer en pasar durante la maratón. Fue la canadiense Jacqueline Gareau, allí nadie vio a Rosie Ruiz. Después, varios testigos aseguraron que Ruiz se incorporó al recorrido a menos de un kilómetro de meta saliendo de entre el público.

Comprobada la trampa en la Maratón de Boston, la organización de Nueva York también investigó, ya que allí hizo la marca para clasificarse. En aquella ocasión, Rosie Ruiz tampoco aparecía en todo el recorrido, utilizó la misma táctica, coger el metro, incluso le puso teatro en la meta al simular que llegaba exhausta y lesionada.

Desde entonces, al hecho de acortar recorrido de una carrera se conoce como «hacer un Rosie Ruiz». Esta corredora al final ha terminado siendo alguien popular, pero ¿merece la pena esta popularidad? Espero que cuando a partir de este libro alguien se salte una boya en una travesía a nado no lo llamen «hacer un Javi Lara».

44

Cuando Miguel Induráin dejó de ganar el Tour de Francia, se vivieron los peores años de la historia del ciclismo a consecuencia del dopaje. El hombre que destronó al navarro fue Bjarne Riis, que en 2007 reconoció que se dopó con EPO durante 5 años, desde 1993 hasta 1998, situación por la cual el Tour de Francia ya no le considera vencedor de la edición de 1996. En 1997, ganó el joven alemán Jan Ullrich. Años más tarde, fue implicado en la Operación Puerto. Él nunca reconocería que se dopara, aunque ni algunos testimonios ni las decisiones de la organización del Tour, de la UCI y de su propio equipo dirían lo mismo. En 1998, ganó la ronda gala Marco Pantani, considerado uno de los mejores escaladores de la historia del ciclismo. Al año siguiente, en pleno Giro de Italia del que era líder, fue descalificado por posible consumo de EPO. Aunque en el Tour de 2000 ganó dos etapas, terminaría retirándose desmoralizado. En 2004, fue encontrado muerto en la habitación de un hotel en la que se encontraron medicamentos antidepresivos. Si entramos en las listas de ganadores del Tour de Francia entre 1999 y 2005, el recuadro del primero de la clasificación general aparece como «desierto». Corresponde a los años en los que la victoria sobre la carretera correspondió a Lance Amstrong, posiblemente, el mayor tramposo de la historia del deporte.

Recuerdo que los tours de Francia que menos seguí fueron precisamente los de Amstrong. Reconozco que me aburrieron y solo en 2000 con la entrada en juego de Pantani tuvo algo más de salsa, o también cuando en 2003, Joseba Beloki forzaba la situación frente al norteamericano, pero terminó cayendo en un descenso. Amstrong hizo lo que nunca nadie hizo en toda la historia, ganar siete tours de

Francia después de superar un cáncer. Pero para colmo, cuando se había retirado, regresó en 2009, siendo undécimo en el Giro de Italia y tercero en el Tour de Francia. No ganó, pero demostró que había vuelto a la élite, aunque al año siguiente no le fueron las cosas tan bien y terminó en el puesto vigesimotercero. Sin embargo, había demostrado que sus ansias de competir y ganar no tenían límite pese a todo lo que escondía detrás de él.

Aunque Amstrong recibió acusaciones por dopaje en varios momentos de su carrera y desde distintos sectores -hubo publicaciones, demandas, acuerdos extrajudiciales, exculpaciones…- nada era definitivo, hasta que la Agencia Antidopaje de Estados Unidos, la USADA, presentó el 10 de octubre de 2012 ante la UCI el informe titulado *Decisión razonada*, donde acusaba formalmente a Armstrong y al equipo US Postal de utilizar «el sistema más sofisticado, profesionalizado y exitoso de dopaje que el deporte jamás ha visto». El informe de más de 1.000 páginas contenía las declaraciones de 26 personas, entre ellas once excompañeros de Armstrong, quienes afirmaron que en el equipo se efectuaban prácticas profesionalmente diseñadas para presionar a los ciclistas para el uso de drogas, evadir su detección y asegurar su silencio. El 22 de octubre de 2012, la UCI lo sancionó de por vida y le retiró los siete tours de Francia. Sin embargo, lo que más conmocionó al mundo fue cuando el 17 de enero de 2013, Armstrong admitió, en una entrevista televisiva de Oprah Winfrey, haber utilizado métodos dopantes en los siete tours que ganó.

El ex ciclista reconoció que se dopó por arrogancia, por su instinto insaciable de victoria. De hecho, no dudó, buscó ser el mejor ciclista de todos los tiempos, pero creo que siempre hubo un remordimiento en su interior y en el de todos los que lo acompañaron, quizá fue aquel remordimiento el que hizo que todo finalmente estallara, quizá no poder mirar con franqueza a su hijo cuando escuchara hablar de todas las hazañas de su padre.

No tengo duda de que las investigaciones sobre Amstrong se intensificaron porque en la carretera nunca dejaron de ser arrogantes. Es algo que el propio técnico de aquella época, Johan Bruyneel, ha reconocido recientemente.

Como deportistas atajando o empleando sustancias no permitidas, en la vida hay quien roba una tableta de chocolate de un supermercado, quien aprueba un examen copiando o quien accede a un trabajo por enchufe o falsificando su currículo. El resultado les puede servir, pero estoy seguro de que ni el chocolate sabrá igual, ni el aprobado podrá celebrarse tanto, ni el trabajo será tan gratificante como todo aquello que se ha ganado con esfuerzo, dedicación e insistencia.

El título de estos capítulos acerca de los atajos creo que queda claro con esta historia. Amstrong quiso cruzar cada meta en primer lugar pisoteando a sus rivales, de hecho, nos acostumbramos a ver cómo sentenciaba cada tour de Francia en la primera etapa de montaña. Pero «su secreto» fue descubierto y su leyenda tumbada de la noche a la mañana.

¿Qué tiene el deporte y la victoria que pueden llevarnos a la trampa, a no ser justos con nosotros mismos y con los demás competidores y la afición? Los casos de Amstrong o de Rosie Ruiz son solo algunos, pero conocemos otros como los de Heinrich Ratjen, un saltador de altura que pasó durante años por mujer; Tim Donaghy, un árbitro de la NBA que amañó 40 partidos en dos años; Carlos Kaiser, el futbolista que llegó a estar en once equipos distintos sin jugar un solo partido simulando lesiones; o Tonya Harding, la patinadora sobre hielo que organizó un ataque para que le rompieran la pierna a su gran rival para poder ganar. Estos son algunos de los tramposos de la élite del deporte mundial, pero también se ven situaciones insólitas en el deporte a niveles más bajos que van desde la compra de partidos en categorías inferiores, dopaje en campeonatos de deportistas veteranos o trapicheos de todo tipo para beneficiar a unos y perjudicar a otros.

Si todo esto se intenta, será porque muchos han tenido éxito y han quedado impunes, pero el amor propio a mí no creo que me posibilitara poder mirar de cara a la gente habiendo hecho trampas. En la vida, ante todo, creo que lo que vale es la sinceridad y seguir el camino correcto. Es posible que tardes más tiempo en lograr los objetivos o puede que incluso no los consigas totalmente, pero la satisfacción de mirar atrás, ver un trabajo constante y el camino limpio, es infinita.

45
NADA OCURRE SI ALGUIEN NO LO CUENTA

El poder de la prensa es enorme. Incluso ahora que los medios de comunicación tradicionales están siendo sustituidos, sigue siendo impresionante lo que supone una aparición en televisión o una publicación viral en las redes sociales. Para que un hecho o una persona sea importante, tiene que haber gente a la que llegue la noticia y conozca su importancia. Es ahí donde entra en juego el poder de la información y la capacidad de seleccionar lo que se muestra y lo que no, aquello de lo que se habla bien o de lo que se habla mal ante millones de personas. Estamos, sin duda, ante el arma más potente de la actualidad.

Si cuando en 1927 se retransmitió por primera vez en España un partido de fútbol por radio o cuando en 1954 ocurrió lo mismo en televisión, así como tantos que vinieron después, estos hubiesen sido femeninos, quizá hoy en día estaríamos hablando de otra situación más igualitaria en cuanto a visibilidad, seguimiento, trato, inversión publicitaria o salarios. Pero no. Es verdad que en aquellos años, el deporte masculino ya era mayoritario, pero la cobertura mediática no dejó de agrandar las diferencias y la información deportiva femenina siempre se trató en los informativos como una anécdota o un caso raro. Creo que ya he mencionado en algún momento que incluso a los que estamos dentro se nos solicita, tanto desde la cúspide de los medios, como desde la propia audiencia, que se hable de aquellas disciplinas que tienen un mayor poder, es decir, de fútbol. Pero independientemente de esto, hay elementos que van más allá y que me hacen sentirme muy decepcionado con el periodismo a nivel general que se hace en este país.

El propio José María García, ese locutor deportivo que escuché mientras crecía, se ha manifestado al respecto: «Hace falta alguien que sepa diferenciar lo que es periodismo y propaganda, hoy los periodistas se han convertido en propagandistas; el periodista es independiente y plural, hoy estamos preñados de propagandistas», aseguró en una de sus última entrevistas en TVE, al tiempo que afirmó: «Espero que podamos recuperar una profesión tan bonita y tan trascendente».

Así es. Una de las prácticas habituales que me gusta desarrollar en clase con mi alumnado cuando explico los textos periodísticos es ponerlos ante diferentes portadas de periódicos del mismo día. Por las noticias que recogen y sus titulares, se puede entender perfectamente su tendencia política y de qué pie cojea cada uno. Quizá es algo que siempre ha existido, pero hoy en día se ha alcanzado un nivel de radicalidad que me recuerda a la prensa del movimiento. Sí, porque hoy en día el votante de un determinado partido puede llegar a sentirse agredido cuando lee, escucha o ve determinados medios de comunicación. Y es verdad que uno puede decidir lo que consume, pero a mí en la facultad siempre me enseñaron que la prensa debe ser plural y buscar la independencia.

García no entiende que haya periodistas tan partidarios: «Hoy siento pena por la comunicación, por la tele y por la radio que se hace. Ha desaparecido la investigación, la denuncia, la información seria. Sufren el mal de los tertulianos», apunta. «He sido 40 años informador deportivo y nadie sabía de qué equipo era. Hoy ha cambiado todo. ¿Cómo puede un periodista manifestar de qué equipo es o decir 'yo soy un periodista de bufanda'?», subrayaba. No puedo estar más de acuerdo. Yo, lógicamente, si informaba para Antequera o para Málaga creo que debía alentar a los equipos de esas ciudades, pero cuando lo hacía en el ámbito nacional o para la emisora de la ciudad del equipo contrario, tenía que guardarme cualquier defensa de unos colores.

Conozco a periodistas que incluso son capaces de guardarse una noticia porque puede sentar mal a algún político o directivo, porque haciéndola pública podría truncar un acuerdo o por simple amiguismo. Cuando uno conoce un hecho noticiable y trabaja para un medio de comunicación, se debe a su audiencia, y dar las noticias antes que nadie, con claridad y con la mayor profundidad posible, va en el salario tanto como hacer un informativo cada mediodía, contar un partido o entrevistar a tal personaje. El periodista puede tener amigos, entre ellos puede haber políticos, empresarios, directivos de clubes o aficionados, pero cuando uno está trabajando, la única amistad es con la verdad. «Periodismo es publicar lo que alguien no quiere que publiques, todo lo demás son relaciones públicas», dijo George Orwell. Quizá esta cita sea demasiado dura, no creo que se pueda cumplir cada día, pero en gran medida comparto su fondo. Cada día cuando cojo los periódicos de mi ciudad, voy pasando páginas sin sorprenderme de lo que se publica. Se limitan a sacar contenido institucional, de partidos políticos o entrevistas a personajes relevantes sin preguntas que le saquen los colores. Como dice el propio García, puro masajeo.

Y es verdad que en parte lo entiendo todo. Yo fui así durante un tiempo. Con el paso de los años, cambié, y cuando ejercí el periodismo al más puro estilo "orwelliano" me gané llamadas bastante incómodas de personas muy influyentes, amenazas del jefe del medio de comunicación en el que publicaba o mensajes que me hicieron mirar a mi alrededor constantemente cuando caminaba por una calle solitaria.

A lo mejor, estas noticias abordaron temas sobre pueblos de escasa población o clubes de una categoría baja, pero me siento más orgulloso que cuando he tenido que cubrir visitas, mítines o ruedas de prensa del presidente del Gobierno o de sus ministros. Recuerdo una vez que abrí el informativo nacional de las dos de la tarde con una noticia de un presidente del Gobierno. Es decir, lo más de lo más en radio. Monté la crónica con unas declaraciones que hizo en una sala diferente a donde yo estaba, que veíamos y escuchábamos a través de una pantalla y sin posibilidad de preguntas. Aquellas mismas imágenes las estaba viendo el jefe de informativos de la emisora desde Madrid y apenas me dejó margen para enfocar la crónica, me tuve que limitar a sus indicaciones. Querían únicamente una voz, por lo demás ya decidían otros ¿Cómo iba a ser feliz así?

Pero iré más allá y desvelaré el que posiblemente sea mi mayor secreto en 18 años dedicado al periodismo. Durante todos estos años puedo asegurar que nunca he inventado nada que haya publicado. Es verdad que he podido cometer errores de enfoque de una información o que no haya podido contrastar una noticia con todas las partes porque alguna no respondía. Sin embargo, yo nunca me he inventado nada, salvo en una ocasión, aunque la noticia también tenía una base de realidad. Llevaba ya un tiempo publicando en mi propia página de información deportiva. Su nombre es Deporte del Sur y, aunque generaba ingresos, nunca han sido lo suficientemente consistentes como para suponer una parte importante de mi salario. En una época en la que no sabía qué dirección tomar con la web, decidí basarme en algunas conversaciones con amigos triatletas para construir una noticia ficticia.

Durante mis años ligado al triatlón, escuchaba a muchos conocidos hablar de las grandes cantidades que invertían en sus equipamientos, especialmente en las bicicletas cuando disputaban pruebas de media o larga distancia. Las mujeres de muchos de ellos se quejaban constantemente de los gastos y otros reconocían que sus mujeres ni siquiera sabían lo que gastaban porque de saberlo los pondrían de patitas en la calle. Con todo aquello, elaboré una noticia con el siguiente titular: «Le pide el divorcio a su marido tras comprar una nueva bici de 11.000 euros». Tras aquel título, construí una noticia con apariencia de historia real de un triatleta de un pueblo de Granada que todo el mundo se creyó. La noticia se publicó un viernes por la tarde de noviembre de 2016. Desde el primer minuto empezó a ser compartida en redes sociales, pero, para más asombro, durante el fin de semana, medios informativos de todo el país empezaron a publicar la noticia copiando directamente de la web. Cuando hablo de medios informativos me refiero a medios especializados en triatlón y ciclismo, pero también a periódicos nacionales de los más importantes que vieron carnaza y notaron que estaba teniendo tirón. Tan solo cambiando ligeramente el texto inventado por mí, lo publicaron en sus ediciones digitales. Nadie, absolutamente nadie de estos medios (la mayoría de las publicaciones todavía se pueden ver haciendo una búsqueda en Google) contactaron conmigo para preguntar si era real o no la información, conocer más detalles o intentar hablar con el triatleta afectado. A estos niveles ha llegado lo que llamamos «periodismo», al copia y pega sin contrastar nada. Solo pondré una excepción y es que, ya el lunes y después de que la noticia se hubiese viralizado en multitud de medios, me llamó el redactor de un importante programa de radio para intentar contrastar. Fue el único que lo hizo bien. Si alguna vez lee estas líneas, le pido perdón porque entonces no le conté toda la verdad.

Sí, fue mi primera y única *fake new* hasta la fecha y con ella he ganado más dinero que con ninguna otra noticia que jamás haya escrito porque las visitas se multiplicaron y también los ingresos por publicidad. No me hice rico, pero me salvó el mes, ¿es o no es para darle una patada al periodismo?

Cuando trabajas tantas horas por una miseria de salario y encima te ocurre todo esto, es normal que no haya mucha gente dispuesta a correr riesgos o que termine decantándose por el dinero fácil, aunque suponga renunciar a la ética. No obstante, creo que todo está perfectamente organizado por el poder político y económico. Saben cuánto y en quiénes invertir para tener a la prensa controlada, el periodismo está manipulado, la política está en todo, la vida pública española está dopada.

46

No creo que tenga la potestad de mostrar opiniones personales como las de este libro en mis clases del instituto. No voy a decirle a nadie que lea o deje de leer este u otro periódico, que elimine de su televisión determinado canal y mucho menos voy a criticar a un político o alentar al voto. Lo que sí puedo es abrir la mente para que un adolescente pueda conocer que tiene la capacidad de elegir, de no creerse toda la información que recibe y que el mundo está lleno de caminos y de posibilidades.

Creo que el pensamiento crítico debe ser una parte importante de la educación y yo, que no he podido cambiar el mundo desde el periodismo, sí que puedo aportar mi granito de arena para hacer un mundo mejor desde la educación, por eso lo intento ahora en esta profesión tan antigua donde he descubierto una pasión incluso superior a la que había desarrollado por los medios de comunicación.

Todo además se puede compaginar. Durante los dos cursos que llevo como docente, he utilizado mucho las noticias de actualidad para trabajar la asignatura de Lengua. Por un lado, empezar la semana con noticias sirve para que el alumnado conozca mejor el mundo en el que vive, algo alejado a ese universo de *youtubers* y *gamers* en el que se mueve. Pero además, hacer un análisis sintáctico, morfológico o escribir un artículo argumentativo partiendo de titulares de prensa o de temas actuales es mucho más ameno y enriquecedor que si lo hacemos a partir de actividades del libro de texto.

Justo cuando estoy escribiendo estas líneas, catorce de mis alumnos están a punto de comenzar el examen de Lengua y Literatura de Selectividad. Una de las opciones es comentar un artículo de opinión de un periódico, en concreto, un editorial sobre el envejecimiento de la población y la soledad de los mayores. Durante el curso es algo que hemos trabajado, pero habría sido mucho más fácil para todos si hubiesen empezado a hacerlo años antes.

El mundo como educador es apasionante. De momento han sido solo dos cursos y unos meses, tres institutos y tres poblaciones de provincias diferentes, cada alumnado con sus rasgos, con su contexto al que hay que adaptarse. Pero lo que son las cosas. Con motivo del confinamiento por la Covid-19, monté un canal de Youtube con las explicaciones para mis clases. Para que pudiera servir a todo el que lo necesitara, decidí abrirlo y se ha producido un fenómeno fabuloso. Cuando trabajaba en radio, mi programa de deportes local, apenas daba 1.000 oyentes en el Estudio General de Medios. Cuando hacía el programa provincial, aumentaba unos cuantos miles de oyentes más. Al final, el canal de Youtube de las clases, en las horas previas al examen, ha llegado a tener 11.000 visualizaciones, con muchos más comentarios que los que haya podido recibir por un programa de radio en toda mi trayectoria. Junto al canal, también tengo un blog, que está primero en Google en algunos temas como las lecturas de segundo de bachillerato. Sin buscarlo, como docente puede que esté teniendo más visibilidad que como periodista. Tampoco es algo que me importe en exceso, sobre todo después de estos más de tres meses finales de curso en los que no hemos tenido clases presenciales. Lo que realmente genera una educación completa y te llena como persona es el aula física, aunque la exigencia de una clase es mucho mayor que la de cualquier audiencia. Explicar viendo cómo unos atienden y se interesan y otros miran por la ventana; hacer actividades y que salgan preguntas espontáneas; organizar un debate donde las opiniones te sorprendan; llevar a cabo un taller de escritura creativa y emocionarse con algunas de las historias; las sonrisas y los enfados o parar un día lo que se había planificado para abordar otro asunto que requiere una mayor atención. Cada clase es una lluvia de emociones, hacerlo a distancia es ver esa lluvia por la ventana y yo me quiero mojar. Eso es lo que he ganado respecto al periodismo. Hacer un programa de radio o de televisión es hablarle a un micrófono o a una cámara, sin nadie que interaccione en frente, lo que hago ahora me llena mucho más precisamente por esto.

47
SI DISFRUTAS, HAS GANADO

Creo que algunas de las historias que he relatado han hablado de sufrimiento, pero quiero dejar claro que el deporte no debe convertirse en un motivo para sufrir, sino en una forma de disfrutar. En uno de aquellos momentos de máximo trabajo como periodista, terminé, sin saber muy bien cómo, en la página de preinscripción de la travesía a nado Tabarca-Santa Pola. La conocía de oídas, una prueba de seis kilómetros que une esta isla alicantina con la península. Estaba en un año en el que apenas había nadado, pero me preinscribí y me adjudicaron una plaza en el sorteo. No lo dudé y pagué la inscripción. Faltaban tres meses para la prueba y aquello me obligó a prepararme, no al máximo nivel, pero sí para llegar con garantías de terminar, aunque nunca las tuve todas conmigo porque me costaba mucho sacar tiempo para entrenar. Unos días antes incluso estuve a punto de renunciar, pero no lo hice, me mantuve firme en el propósito. Y, probablemente, aquello cambió mi forma de ver el deporte y, puede, que la vida.

Llegué cuando todavía era de noche. Cientos de nadadores ya estaban en el puerto de Santa Pola depositando sus mochilas, marcándose el número de participante, recogiendo el chip… Allí me presenté nervioso, casi sin dormir, pero el ambiente me relajó, también encontrar gestos de simpatía, algunas bromas y algo de apoyo entre personas que no conocía. Poco a poco empezamos a subir a las embarcaciones para ir hasta Tabarca. Elegí bien porque al subir encontré a Alejandro, un amigo nadador con experiencia en aquella travesía. Su conversación me ayudó. Sin embargo, lo que jamás olvidaré fue ver los primeros rayos de sol. Soplaba ligeramente el viento, el barco oscilaba con levedad y se aceleró el amanecer. Éramos solo un grupo de nadadores, un grupo de amantes del deporte a los que iban a soltar en una isla a la que llegaríamos en barco para regresar a nado. Así, sin más, en un domingo de primeros de julio en el que, probablemente, la mayoría estaría de vacaciones. Pero aquella había sido mi decisión. Nadie me había obligado a estar allí aquel día, a aquella hora, rodeado por mucha gente desconocida, tan solo ataviados con un minúsculo bañador, pero en mitad de un espectacular amanecer de los que quieres agarrar para que el tiempo se detenga.

Con los leves tonos de las primeras luces del día llegamos a Santa Pola, donde resaltaba su iglesia y su muralla, todavía en penumbra. Durante el breve paseo hasta la playa de salida, aclaró completamente y me vi frente al Mediterráneo con perfecta visibilidad, rodeado de gente como yo, ahora mucho más callada y concentrada con lo que estaba a punto de pasar. Los voluntarios en kayak se habían repartido frente a nosotros, todo estaba listo. Tras una espera que solo se hizo larga por la tensión, sonó el pistoletazo de salida, corrí hacia las templadas aguas y comenzó otro espectáculo. Empecé a nadar a un ritmo muy fuerte y solo había recorrido unos metros cuando me topé de bruces con mi estado físico, muy lejos de estar a un alto nivel. Sufría, por uno y otro lado había nadadores que me adelantaban como aviones, así que tuve que rebajar mi velocidad de brazada y fue entonces cuando comencé a disfrutar. Primero lo hice con los fondos marinos, aunque no iba muy rápido, me sentí volar sobre corales, algas y algunos peces; después con la visión de la isla cuando sacaba la cabeza para respirar hacia la derecha y, posteriormente, una vez enfilada la larga recta marítima marcada por boyas hasta Santa Pola, buscando la mejor orientación y probándome al ritmo de los nadadores que me acompañaban, ya a un nivel similar al mío.

Pese a que estaba disfrutando, mi cuerpo seguía notando lo fuerte que había hecho los primeros metros y la parcial inactividad. De hecho, tuve un momento de bajón en el que volví a quedarme del grupo en el que iba, pero la solución para eso siempre suele ser la misma: seguir dando brazadas. A menor ritmo, levantando la cabeza para mirar hacia delante y orientarse bien, pero sin detenerse. Continué superando boyas, hasta que la playa de llegada empezó a verse con claridad, me parecía escuchar ya la megafonía, empezaron a aparecer más nadadores por uno y otro lateral, el ritmo se aceleró y, casi sin esperarlo, toqué el fondo con la mano, llegó el momento de levantarse y correr para cruzar la línea de meta. Lo hice con paso firme, con el cuerpo erguido, bien acompañado de otros participantes, acariciado por la brisa, sintiendo el aplauso del público. Y no pude evitar emocionarme. Yo, que soy de pocas lágrimas, a quien a veces consideran un hombre frío y de acero. Pero llegué a meta emocionado. Y satisfecho.

A partir de aquella meta retomé la natación, con entrenamientos en serio que me hicieron crecer deportivamente. Volví a la Tabarca-Santa Pola en dos ocasiones más, en ambas mejorando el resultado. Cuando me encontraba mejor de forma, en la que hubiera sido mi cuarta participación, decidí finalmente no ir porque ni siquiera tenía dinero para el desplazamiento. Ahora llevo bastante tiempo de nuevo sin nadar, más que nunca, pero sé que alguna vez tendré que volver, vivir el amanecer en Tabarca y nadar por sus aguas: me lo debo.

Durante años, he disfrutado mucho en competición. Lo he hecho por el ambiente, por el reto de mejorar tiempos, por el entorno, pero también por el propio sufrimiento que supone. Creo que el deportista es de los pocos seres que puede disfrutar con ese punto de sufrimiento. Pero al margen de que podamos sentirnos bien con el sacrificio, es importante conocer que se puede disfrutar de muchas maneras.

Disfrutar puede ser hacer deporte acompañado por personas que nos caen bien; disfrutar puede ser ganar una prueba o simplemente terminarla; hacer una determinada marca, mejorar el tiempo del año anterior, culminar un reto concreto; representar a un club, reirnos y divertirnos; hacer un entrenamiento o una prueba que nunca antes habíamos hecho; cruzar una meta delante de nuestra familia, acompañado por nuestros hijos; ganarle a un determinado rival... creo que disfrutar debe ser el objetivo final, puede que ahí resida el verdadero significado de la palabra ganar.

Pero el concepto de disfrute es muy amplio. Probablemente, quedar primero en una competición sin alcanzar la marca que esperamos puede que no nos permita disfrutar, pero quedar mal clasificado si lo hemos dado todo puede que sí. Es un término que cada uno hará suyo y antes de cada entrenamiento, de cada competición o de cada temporada, debemos marcarnos ese objetivo ¿Qué es lo que me va a hacer disfrutar?

Quiero intentar dar algunas claves a la hora de conseguir la motivación necesaria, no para obtener resultados, sino para acercarnos al disfrute dentro del deporte, sobre todo cuando somos deportistas no profesionales.

Señala la *coach* deportiva, María José Alaminos, que para motivarse, un deportista debe establecer objetivos realistas que le permitan disfrutar de pequeños logros a corto plazo para así fomentar el estímulo a largo plazo e ir haciendo camino hacia una meta más ambiciosa.

Por otro lado, es importante celebrar los progresos, registrarlos y creo que aquí es importante darnos pequeños premios cada vez que conseguimos un progreso. Por ejemplo, tomarnos una caña con los amigos tras un buen entrenamiento, permitirnos una buena cena con nuestra pareja tras rebajar una marca, planificar una actividad en el día de descanso después de cumplir una semana intensa de entrenamiento, comernos un trozo de chocolate... hay para todos los gustos.

Alaminos también señala que divertirse y variar es también uno de los puntos para motivarse. Entrenar en un lugar diferente, planificar un viaje para competir con un grupo en el que nos sintamos bien o hacer con nuestra familia eso que llaman turismo deportivo. Todo esto nos alejará de la monotonía.

Divertirse y variar es otro elemento. Una gran opción puede ser integrar entrenamientos recreativos, incluso juegos o pequeñas competiciones internas entre nuestro grupo o en nuestro club para hacerlo todo más divertido y variado. Es bueno de vez en cuando salirse de la rutina del entrenamiento regular.

También es importante visualizar la meta que nos gustaría conseguir. Para hacer esto debemos tener bien fijado nuestro objetivo. ¿Cómo me veo cruzando la meta de un Ironman? ¿Te imaginas en la foto de un podio determinado? ¿Cómo será correr por el paisaje de tus sueños? Yo para esto voy a dar un consejo. Graba un vídeo pronunciando tu objetivo para verlo de vez en cuando. También puedes escribirlo en una hoja de papel, ponerlo en tu mesa de trabajo o cerca de tu cama para verlo cada noche y cada mañana. Recuérdate cada día hasta dónde quieres llegar, si no lo haces tú, probablemente nadie lo haga por ti.

Pero no olvides que todo esto va mucho más allá del deporte. Superar situaciones difíciles, incrementar la seguridad en los propios recursos, potenciar el autoconocimiento, especialmente en los aspectos emocionales, mejorar las relaciones con los diferentes miembros del grupo, incrementar las habilidades psicológicas y aprender a gestionar diferentes situaciones. Todo esto nos lo encontramos en el deporte, pero también en el trabajo, en los estudios o en la vida personal.

No obstante, es mi deber avisarte de que conseguir todo esto no es sencillo y no basta con unas pocas palabras o unos ejercicios de visualización. Dice Rafael Benítez que pronunciar aquello de «si quieres, puedes» con más de treinta años tiene riesgos graves porque en la mayoría de casos no se va a conseguir, al menos a la primera, y termina siendo una «bomba grave». Habla de la edad porque ya en esos tiempos hemos dejado de desarrollar capacidades de aprendizaje. Entre otras limitaciones, cree que las capacidades disminuyen conforme nos hacemos mayores y hay oportunidades que se pierden para siempre. Habla de que lo primero es conocerse uno mismo.

¿Y qué podemos hacer? Pues no limitarnos a una frase bonita. Esto va de capacidades, vocación, actitud y oportunidades, entre otros elementos. Un no parar de estudiar, de aprender, de entrenar, de equivocarse, de llorar, de estar al borde de la desesperación y de saber que podemos errar, pero si trabajamos en las estrategias adecuadas, sabiendo siempre afrontar la caída para no repetirla, podremos conseguirlo, por la vía inicial o por otras vías. Dice el mismo Rafael Benítez que no hay nada más peligroso que «un tonto motivado». Pues eso mismo, un objetivo no es un capricho de un día, sino un camino que puede durar años; debemos tener una enorme base que sustente adónde queremos llegar. Es decir, trabajo, trabajo y más trabajo intentando disfrutar por el camino.

EPÍLOGO

Respira. Cierra los ojos para ver mejor lo que tienes alrededor. Has subido hasta una cima cercana a tu ciudad que durante años solo viste en la distancia. Tu corazón está acelerado. Tras su latido, está el mundo esperándote, con muchos caminos por recorrer, repleto de gente a la que conocer, de experiencias por vivir. Elige una de ellas como hicieron tantos otros. Busca la que te haga sentir diferente, pero no vayas a por ella a lo loco, ya que hay que disfrutar del camino.

Respira y pisa fuerte. Recuerda que no eres el primero. Siente en tus músculos la historia forjada por Amenofis, por Filípides, por Coroebo de Élide, Spyros, Melpómene, Bikila o Kathrine Switzer. Siéntete un gran lanzador de camino a Olimpia o un triatleta que tomará la salida en Hawái. Aprende de todos ellos porque esa será una de tus grandes fortalezas.

No importa la edad que tengas, ni el dinero que guardes en la cartera, tampoco si hoy tienes un mal día, te encuentras solo o te preocupa la próxima cita con el médico. Si tienes un camino por el que continuar, ya eres joven, sano, rico y cuentas con la mejor compañía.

Respira. Visualiza, imagina. Piensa en las historias que hemos compartido o busca entre otras. Quizá quieras ser un niño llamado Severiano Ballesteros practicando el golf en solitario en la playa. El esfuerzo de aquellos días de infancia hizo que desarrollara mucho más que otros jugadores el juego en la arena. Terminó irrumpiendo en la alta competición sorprendiendo por su capacidad para escapar de situaciones difíciles como el juego desde el búnker.

A lo mejor prefieres ser Martín López Zubero, hermano de nadadores, un niño al que le retiraron la beca para estudiar Historia y Humanidades en Florida. Mucha gente en España no veía bien que siguiera métodos de entrenamiento estadounidenses, pero aquel sistema le valió para ser campeón de Europa. Cuando tuvo respaldo económico y, por tanto, tranquilidad, batió el récord del mundo en dos ocasiones, fue campeón del mundo en 200 y bronce en 100 espalda. En 1992 ganó el oro olímpico en casa, en Barcelona.

Puede que sueñes en ser Paco Fernández Ochoa, que ganó por primera vez una competición con cinco años. Dicen que aquella noche durmió abrazado a la copa. Ya nunca dejaría de entrenar y competir, su mundo pasó a ser la nieve.

A lo mejor optas en transformarte en el ciclista de pista Guillermo Timoner, que estuvo a punto de no participar en el campeonato del mundo de Milán en 1955 porque no disponía de dinero para sufragar el desplazamiento. Finalmente consiguió viajar y ganó. Timoner innovó siendo el pionero de la posición aerodinámica. Algo similar ocurrió con el nadador Denís Pankrátov, capaz de ganar el oro olímpico y mundial en 100 mariposa. Sorprendió nadando 27 de los primeros 50 metros bajo el agua con patada de delfín, añadiendo 15 metros más en el segundo largo. Mientras los demás daban brazada tras brazada, él encabezaba la prueba con su nado subacuático. Aquello incluso llegó a cambiar las normas de natación. Quizá tu deseo esté frente a un familiar, como el del esquiador Alberto Tomba, que prometió a su madre que jamás competiría en descensos, la modalidad más peligrosa. Aquello le ponía muy difícil ganar la Copa del Mundo, pero terminó haciéndolo en 1996 sin incumplir su promesa.

Respira. Puede que en lugar de estar en plena naturaleza, te encuentres en un estadio con miles de espectadores o en la gran avenida donde finaliza una maratón. Quizá prefieras revivir la narración de Alfredo Martínez del gol de Iniesta, sentirte en uno de los grandes pabellones asiáticos viendo un partido de vértigo de Carolina Marín o en uno de aquellos circuitos donde por primera vez un español llamado Fernando Alonso ganaba carreras de Fórmula 1. Puede que, en cambio, solo sea un campo de barrio entre favelas donde unas niñas corren tras una pelota descosida y desinflada, o una de esas piscinas donde jóvenes soñadores a las seis de la mañana dan brazadas que no les conducirán a ningún otro sitio antes de ir al instituto.

Respira. En la cola de la oficina de empleo, frente a un abogado, peleando por un préstamo bancario, en medio de una reunión importante, frente a un micrófono o en clase puedes pensar en todo lo que hemos compartido en torno al deporte. Puede que en tu caso no haya letreros indicando la distancia a meta, listones o redes de por medio, pero tu historia comparte mucho más de lo que crees con las de todos estos campeones. Tú también tienes días malos, deseos de gloria, objetivos, sueños y multitud de zancadillas por delante que debes esquivar. Puede que hoy esté lloviendo, que te sientas víctima de la tormenta, que no veas la luz, pero terminará llegando.

Respira. Cierra los ojos, enfoca, aprende de los mejores y traza un plan. Para los campeones del día a día, la remontada de la vida siempre es posible.

En <u>www.deportedelsur.com</u> tienes contenido relacionado con algunas de las historias de este libro y otros artículos de motivación deportiva.

BIBLIOGRAFÍA

Aguilera, J. L. y Rosell, J. (2011). La primera maratón de la historia. *Citius, Altius, Fortius*. UAM Ediciones.

Alaminos M. J., Bastida A. y Sancho E. (2017). *Coaching deportivo: mucho más que entrenamiento*. Badalona: Paidotribo.

As.com (2015). El extécnico de Armstrong: "El dopaje era inevitable; ahora puede que lo siga siendo". *As.* https://as.com/ciclismo/2020/03/03/mas_ciclismo/15832 44348_504944.html

Benítez R. (2015). El por qué no lo vas a conseguir sólo por pensar que puedes conseguirlo. *benitezrafa.es* https://www.benitezrafa.es/noncoaching%e2%80%8a-el-por-que-no-lo-vas-a-conseguir-solo-por-pensar-que-puedes-conseguirlo/

Bitacoras.com (2014). Rosie Ruiz, la mujer que ganó una maratón gracias a un billete de metro. *ABC.* https://www.abc.es/tecnologia/redes/20140513/abci-rossie-ruiz-metro-maraton-201405131004.html

Carreño F. (2014). Historias de deporte y Guerra Civil. *Marca.* https://www.marca.com/2014/04/04/mas_deportes/otros_deportes/1396633423.html

Carreño, FM (2010). El Maratón: ¿Filípides o Tersipo? *Marca*

Cifuentes, P. (2017). Los médicos avisan a los 'runners': "Estamos enterrando corredores todas las semanas". *El español.* https://www.elespanol.com/deportes/20170419/20972957 5_0.html

Contreras, F. *Superpaco. Kilómetros de vida*. Alcalá la Real: Formación Alcalá.

Corradini, M. y Más Positivo Producciones (2017). *Paco, uno igual que todos.*
https://www.youtube.com/watch?v=kwE2JDY6QiU

El Comercio (2014). Richard Carapaz se recupera de un accidente. *El comercio* https://www.elcomercio.com/deportes/richard-carapaz-se-recupera-de.html

Ferrer Molina V. (2016). *Buenas noches y saludos cordiales: José María García. Historia de un periodista irrepetible.* Barcelona: Córner.

García Candau, J (2007). *El deporte en la Guerra Civil.* Barcelona: Espasa Forum.

Hehir H. y Tollin. M. (2020). *El último baile.* Netflix.

J. L. (2018). La champions reparte millones tras la gran final. *Expansión* https://www.expansion.com/directivos/deporte-negocio/2018/05/29/5b0c5f9a268e3ee6668b45a2.html

Millariega, J (2014). *Los Juegos Olímpicos de la Era Antigua en Grecia, la carrera de Filípides en el año 490 a.C. y la Batalla de Maratón.* Charleston (2014).

Movistar Team (2020). *El día menos pensado.* Netflix.

Osés, J. (2018). Pedro Torres, rey de la montaña en una época de escaladores. *Meta2mil.*

Palermo P. M. (2017). Carapaz, Narváez y Caicedo se disculpan públicamente tras su expulsión de los juegos bolivarianos. *Ciclismo internacional.*
https://www.ciclismointernacional.com/carapaz-narvaez-y-caicedo-se-disculpan-publicamente-tras-su-expulsion-en-los-juegos-bolivarianos/

Pereda, M. (2020). Ciclistas británicos en la Guerra Civil: la historia del Clarion Cycling Club. *Ctxt.*
https://ctxt.es/es/20200401/Deportes/31572/Marcos-Pereda-socialismo-fascismo-ciclismo-bicicleta-Tommy-Dolan.htm

Phelps, M. y Cazeneuve B. (2016). *Beneath the surface.* Nueva York: Sports Publishing.

Pujadas i Marti X. (2007). De atletas y soldados. El deporte y la Guerra Civil Española en la retaguardia republicana (1936-1939). *Estudios del hombre.* Universidad Ramón Llull.

RTVE (2019). La vuelta de Supergarcía. *Conexión Vintage.*

San Miguel, P. (2020). Juan Carlos Navarro: la canasta donde empezó todo. *Gigantes del Basket.*
https://www.gigantes.com/revista/juan-carlos-navarro-

primera-canasta/

Sánchez Bonilla, J. (2016). Moreno Periñán, el oro en Barcelona que destapó el ciclismo en pista español. *El mundo deportivo.* https://www.mundodeportivo.com/juegos-olimpicos/20160730/403574348056/moreno-perinan-el-oro-en-barcelona-que-destapo-el-ciclismo-en-pista-espanol.html

Tobías, M. J. (2015). Michael Jordan. El rey del juego. Madrid: ediciones JC.

Tristán González C. (2019). Nadia Comaneci: «Huí de la Rumanía comunista porque quería ser libre». *ACB.* https://www.abc.es/deportes/abci-nadia-comaneci-rumania-comunista-porque-queria-libre-201803040829_noticia.html

Urbano. P. (2015). Y Franco fusiló al mejor boxeador de Europa. *Código Nuevo.* https://www.codigonuevo.com/sociedad/franco-fusilo-boxeador-europa

Vicente, C. (2014). De pueblo… y deportistas de élite. *Heraldo-Diario de Soria.*

Villarejo, L (2017). *Barcelona 92.* Madrid: Lid editorial.

Wegelius, Charly (2016). *Gregario.* Barcelona: editorial Contra.